U0856674

黄有光作品

那些习而不察的谬误

〔澳〕黄有光（Yew-Kwang Ng）著

東方出版社

目 录

序言

从本科开始，笔者的专业一直都是经济学。不过，在写完博士论文后不久，笔者读了一篇关于保健的文章，它建议晚餐后不工作，可以比较放松地睡觉，第二天工作效率比较高。因此，这 40 多年来，笔者大致遵守这个原则，平均每年大约有 350 多天晚餐后不工作，偶尔晚上有课不能遵守这个原则。晚上可以看电视读闲书。既然不工作，就不读与经济有关的，而读其他方面的，包括各种怪力乱神的东西。偶尔有想法，就也用白天的时间研究，写出文章发表。这就是为何除了经济学，笔者曾经在哲学、生物学、心理学、社会学、数学、宇宙学等学术期刊发表多篇审稿论文的原因。由于晚上“不务正业”，涉及经济学以外的学科的知识，几年前我已经写了《宇宙是怎样来的?》《从诺奖得主到凡夫俗子的经济学谬误》《快乐之道》等书，现在再写比较一般的，包括但不限于经济学的谬误，重点在于中学生水平的读者也大致能够读懂，从而能够避免的一些重大谬误。虽然部分取材自笔者已经出版的书与发表的文章（包括取材自《怡和世纪》的“附录 B：宇宙之谜”），但多数是新的与修改后的，希望中学生与普通人士都能够通过阅读本书而有所收获。通过修正对于一些谬误的认识，人们不但提高了知识水平，而且能做更多对社会有利的事。例如，修正对献血谬误的认识，可以使人们知道献血对自己的健康有利，从而会大量增加献血人数。这种知识，应该让所有中学生学习。还有，谚语与诗词的一些重大错误，关于男女的差别，赌博与健康的谬误（包括 3.3 小节中关于“21 点”的正确玩法），天才学生挑战诺奖得主，黄有光邂逅王勃，笔者以 18 万人民币诚征对联等，也请读者注意。

笔者对易昕、陈章与毕晶莹的高效研究助理，谨致谢意！

1. 几个有重大坏影响的谬误

1.1　两个重大谚语错误

无奸不商（或：无商不奸）

原来的谚语是“无尖不商”。这是说，古代由于商业竞争，卖米的商人为了留住顾客，都在盛米的量器“斗”上多给一些米，成为“尖”状。后来由于“尖”与“奸”读音相同而被误传，成为替奸商脱罪的说辞，甚至宣传所有商人都不好。这样的误传作用很坏，应该纠正。

无毒不丈夫

原来的谚语是“量小非君子，无度不丈夫”。这是说，君子要有很大的度量（肚量），胸怀广阔，也就是所谓“相爷（宰相）肚里能撑船”。后来也是由于读音相近（尤其南方人把第二声的“毒”读成第四声，和“度”完全同音），因而被误为“无毒不丈夫”。这是非常错误的，不但与原意相差甚远，而且容易教坏人。因此必须改正，尤其是中学老师，必须向学生纠正这个错误。

1.2　关于献血的谬误

很多人，尤其是华人，认为血是体内精华，失血或献血对身体是重大损失。失血过多当然有问题，但普通程度的献血，却是有益身心的。普通健康水平的人，尤其是青壮年男子（16~60 岁），应该时常献血。笔者最后一次主动要求献血时，已经超过 60 岁，被认为超过通常献血年龄，必须要医生特别批准才可以。笔者认为这年龄限制有些过时，应该提高到 65 岁，甚至 70 岁。

根据《三国演义》第 18 回记载，夏侯惇迎战吕布的部将高顺，高顺败逃，夏侯惇追赶，不料被吕布另一名大将曹性射箭偷袭。夏侯惇左眼被射中，痛得大叫一声，急急用手拔箭，却连着眼珠拔了出来，他大喊一声："父精母血，不可弃也！"于是把眼睛塞进嘴里，吃了进去。

根据《孝经》记载，孔子对曾参说："身体发肤，受之父母，不敢毁伤，孝之始也。"这些古籍的记载与传统思想，使中华儿女很少献血。身体虽然应该爱护，但血液在我们的身体中能够自动生产补充，不必担心正常程度的献血会对身体造成损伤。

女子在发育后到约四五十岁停经前，每个月都会有月经，自动失血，因而有自动补充与更新血液的机能。在人类长期的进化史上，男子也多数会因为在森林与草原觅食、打猎而受伤失血，因此也会有自动补充与更新血液的机能。即使进入农耕时代，也还会有一些失血的机会。然而，在近一两百年经济高速发展以后，多数人，尤其是白领人士，几乎完全没有失血的机会。这是不健康的，应该时常主动献血。献血不但对需要血液的人有利，对献血者也有利，尤其是对青壮年男子。女子虽然每月失血，但她们造血的功能比较强，也不必担心正常的献血对身体不好。（关于献血对健康有利的科学论证，详见参考文献 27、30、48、70、79、82。）

献血是对他人有重大利益的行为，而助人为快乐之本。因此，献血对献血者来说，不但对健康有利，而且对心理状况也是大大有利，何乐而不为？

包括中国在内的许多国家都十分依赖无偿献血，但献血量都不足，需要时常利用各种资源鼓励甚至半强迫人们献血。其实，能够鼓励人们自动献血的一个低成本方法，是在初中的课文里，加上“献血对献血者身体有利”的内容。单单这个方法，应该可以提高献血量达数倍以上，这可以使血液的供应再也不会不足。

2. 关于数字的谬误

2.1 混淆绝对量与相对量

关于数字的谬误，最常见的是混淆绝对量与相对量，我们几乎每星期都可以在广播或报纸上发现这种现象。例如，美国股票的两个主要指数是道琼斯与标准普尔。2016 年 11 月，前者约 18000 点，后者约 2100 点。我们经常听到广播说，“道琼斯指数升 17 点，标普微升 5 点”之类的报道。然而，道琼斯指数升 17 点，升幅只有不到 0.1%；标普升 5 点，升幅却超过 0.2%。怎么可以说前者是“升”，而后者只是“微升”呢？（2017 年 2 月 28 日收市时，道琼斯为 20812.24 点，标普为 2363.64 点，前者为后者的 8.8 倍。）

多年前，当道琼斯指数只有 2000 多点时，某日忽然下跌 500 多点，报章杂志多把原来拟定的头条新闻抽掉，改为“美国股市暴跌”。后来日本股市也于某日下跌500多点，某报的一位编辑也打算抽版，改报“日本股市暴跌”。幸亏另外一位编辑说，日经指数3万多点，下跌500多点，跌幅只有不到2%，不算暴跌，与当时美国下跌的500多点不能同日而语，不可以改版。这位编辑所犯的错误，就是混淆了绝对量与相对量。

2.2 高估历史的长度

包括笔者在内，人们经常会错误估计很大的数或很小的数的真正大小。有一次笔者想算算从中国第一个朝代夏朝到现在的悠久历史中（4000多年），自己的生命到现在占这历史的百分比。最后算出接近2%的时候，笔者大吃一惊，感觉应该远远不到1%，而实际上已经远远超过1%，甚至接近2%，真的想象不到。可能是小时候老师一直强调中国的历史悠久，使我们高估了历史的真正长度。

有一次在餐桌上，笔者让其他几位同样年过古稀的老同学回答下述问题：

请不必详细计算，根据大约估计，从下述答案中选择一个比较接近你出生到现在的时间长度，占中国第一个朝代夏朝到现在的历史时间的比例。

A. 0.002%；　B. 0.02%；　C. 0.2%；

D. 2%；　E. 20%

结果所有同学都勾选了 A，这和正确答案 D 相差 1000 倍。其中一位同学说，如果你给我一个更小的选项，我会勾选那个更小的答案。

当然人类的历史，比中国的历史长很多，至少以百倍论。地球的历史（45 亿年）与宇宙大爆炸的历史（138 亿年）又更长。然而，即使用秒来计算，138 亿年，即使再多 10 倍，也不到 10^{19} 秒，是否有足够的时间进化到人类能够讨论这些问题的高度？（详见附录 B）

2.3　关于无穷大的谬误

“神行太保”追不上乌龟

据说，公元前四百多年就有古希腊数学家芝诺

(Zeno of Elea) 提出的“阿基里斯追不上乌龟”的“芝诺悖论”(Zeno's Paradox),推论指出：只要乌龟在阿基里斯或兔子前面，又不停地向前爬动，则在后面的兔子，无论跑得多么快，都不可能追得上乌龟。

推论如下：开始时，让乌龟尾巴的最后部分在 A 点，兔子头的最前部分在 A 点后面的 B 点。当兔子从 B 点跑到 A 点时，乌龟已经从 A 点爬到 A 点前面的 A_1 点。当兔子从 A 点跑到 A_1 点时，乌龟已经从 A_1 点爬到 A_1 点前面的 A_2 点。当兔子从 A_1 点跑到 A_2 点时，乌龟已经从 A_2 点爬到 A_2 点前面的 A_3 点。如此类推。因此，乌龟的尾巴永远都在兔子前面。因此，兔子永远追不上乌龟。证毕。

显然的，兔子是能够追上乌龟的。不过，上述推论，错在哪里呢？在看书末的答案解释前，读者是否能够自己想出答案呢？

无论多长的线段上的点的数目都相同

如图一，线段 AB 的长度只有线段 CD 的一半，但是却可以证明 AB 上的点的数目，等于 CD 上的点的数目。读者可以先考虑在一个班级里，男女学生参半，如何证明男学生的数目等于女学生的数目呢？一个可以接受的方法是，如果能够让每个男学生，都有唯一一个与他对应的女学生，而每个女学生，都有唯一一个与他对应的男学生，那就可以证明男学生的数目等于女学生的数目。现在我们可以用这个“一一对应”（one-to-one correspondence）的方法来证明上述命题。这证明是关于无穷大的教学中众所周知的，不是笔者自创的。

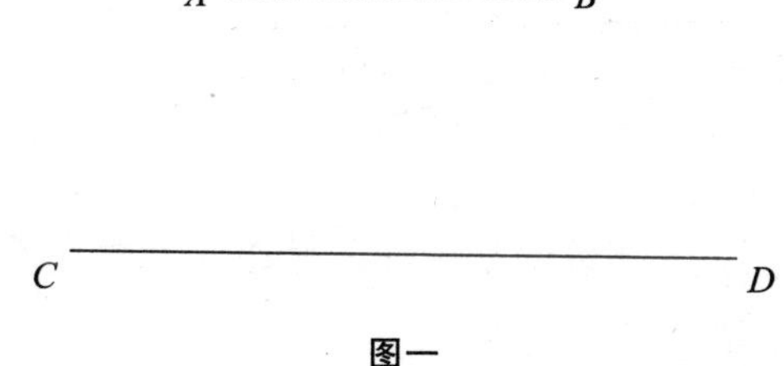

图一

连接 A 点与 D 点，也连接 B 点与 C 点，把 AD 与 BC 的交点称为 E 点。在 CD 线段中取任何一点 P，连接 PE 并延长到 AB 线段中的 P' 点，如图二所示。因此，用这个方法，CD 线段上的任何一点，都可以在 AB 线段上找到与之对应的唯一一点。在 CD 线段上，任何与

P 不同的 Q 点，用同样的方法，也都可以在 AB 线段上找到与 P' 不同的 Q' 点。因此，我们确立了 AB 线段上的所有点，与 CD 线段上的所有点一一对应的关系。因此，AB 线段上的点数，与 CD 线段上的点数一样多。证毕。

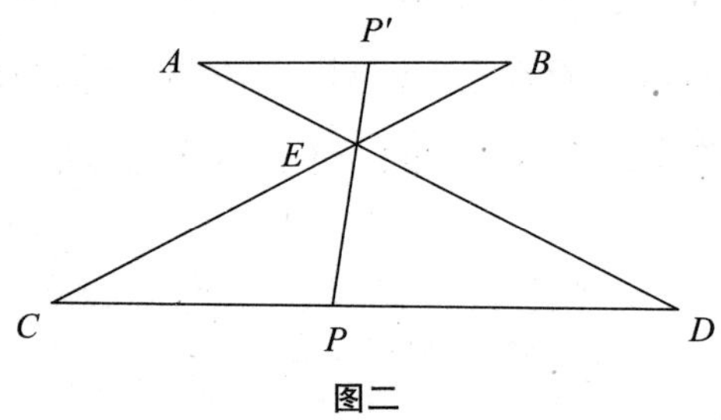

图二

读者们，上述证明是正确还是错误的？在看书末的答案之前，可以自己先想想。

一个有无穷多个客房的旅馆的故事

想象有一家旅馆，有无穷多个客房，简单起见，假定所有房间都是单人间。其中，客房是可数的，但由于是无穷多个，则需要无穷大的时间才数得完，但这也是属于可数的。如果是不可数的无穷多，那么无穷大的时间也数不完。假定这无穷多的客房都住满了客人，没有任何房间是空的。在现实世界里，如果旅馆的房间都住满了客人，是不能再接纳新客人入住的（不考虑多人共享一个客房的可能性）。不过，这家有无穷多个客房的旅馆，却另有神通。同样这故事是关于无穷大的教学中众所周知的，不是笔者自创的。

有一天，来了一个 10 个人的旅行团，要求这家旅馆开 10 个房间给他们。前台服务员对他们说："我们旅馆已经满了，没有空房了。"旅馆经理听到，却说："行，把 1—10 号房给他们。"前台服务员问："那原来的 10 位客人如何处理呢？"经理说："让原来 1 号房的客人换到第 11 号客房，2 号换到 12 号，任何 x 号换到 $x+10$ 号。这样，每个人都有房间住。"真的，每个人都有房间住！原来没有空房，却能够创造出空房，因为如果 x 是可数的无穷大，$x+10$ 也是可数的无穷大。因此，虽然原来已经住满了，却还可以多接纳 10 个客人，甚至 100 个、10000 个……但如果来了新的旅行团，人数是无穷大，该旅馆是否也能够接纳呢？

能够，因为如果 x 是可数的无穷大，$2x$ 也是可数的无穷大。例如，让原来 1 号房的客人换到 2 号房，2 号换到 4 号，任何 x 号换到 $2x$ 号，就能够空出无穷个单号房间给这新来的有无穷多人的旅行团。那么，如果来了无穷多个各有无穷多人的旅行团呢？该旅馆是否还能够接纳而让所有人都有自己的房间住呢？读者们可以先想想，再看书末的答案。

3. 关于赌博的谬误

赌博的害处很大，沉迷赌博可能使人倾家荡产，甚至家破人亡，不得不慎重。而赌博有很多种不同的形式，其中一种是买彩票。

3.1 关于彩票的谬误

买彩票是以少量的金钱购买一个很小的获得大量奖金的机会。很多彩票实际上有多项不等数额的奖金，为了简单起见，只考虑一个奖金的情形。这和买保险有相同点，也有不同点。保险是以相对小额的保金，购买发生某种意外（例如房子被火烧）时对大量损失的赔偿。因此，赌博与保险都是以少量金钱交换一个小概率的大量金钱。但赌博是博取可能的大量得利，而保险是避免可能的大量损失（以赔偿金来抵消损失）。

在正常情形下，一个人的金钱或财富的边际效用

(每增加一个单位对总效用的提高程度) 随财富之增加而减少。获得 100 万元的效用，不到获得 1 万元的效用的 100 倍；而损失 100 万元的效用下降，大过损失 1 万元的效用下降的程度的 100 倍。因此，用 1 万元的保费来避免 1% 概率损失 100 万元，是符合把预期效用极大化的，保险可能有利。但用 10 元来购买低于 0.001% 获得 100 万元的机会，其实是减少预期效用的。那为何人们要买彩票呢？

在美国顶级经济学期刊 *Journal of Political Economy*，后来的诺奖得主弗里德曼（Milton Friedman）与统计学名家萨维奇（L. J. Savage）于 1948 年发表了一篇文章，他们认为，既然人们会同时买保险与彩票，可见他们的边际效用曲线开始是向下倾斜的，直到现有财富水平左右，如果财富继续增加，则边际效用又再向上倾斜。笔者于 1962 年至 1966 年在新加坡南洋大学读经济学本科。1964 年底，大学三年级时读到这篇文章，认为向上倾斜的边际效用曲线（尤其是作为反映主观快乐而言的效用）不太现实。笔者提出了用支出不可分性的原因，使同时购买保险与彩票都可能是预期效用极大化（详见参考文献 50），并在同期刊于 1965 年 10 月发表。发表后，笔者把文章的抽印本送给经济系的几位老师，才使经济学各科分数从 60 多分跳到 80 多分。这篇文章，也帮笔者获得不必读硕士，直接读博士的奖学金，因而弥补了小学时留级两次的时间。不过，笔者认为，弗里德曼与萨维奇，以及笔者的文章所说的原因，都不是生活中人们买彩票的主要原因。那人们为何要买彩票呢？

在绝大多数情形下，人们喜欢包括买彩票的赌博，主要有以下几个原因。第一，人们高估自己获奖的概率。第二，在赌牌或赌场的各种赌博游戏中，人们认为赌博本身的效用，还包括游戏本身的乐趣、刺激紧张、期待等因素，因而不只是财富本身的效用。第三，在买彩票时，人们很可能是在购买做白日梦的机会。买了彩票，人们就可以梦想得奖时的高兴，以及如何用奖金来做一些梦寐难求的乐事，例如环游世界之类。对很多人来说，这白日梦的快乐，可能可以抵消金钱上的损失。

另外，还有一个因素可能可以支持弗里德曼与萨维奇的看法，如果一位男子成为部落首领，就可以大大增加把自己的基因遗传给下一代的机会，因此，低收入的男性青年更倾向于冒险赚大钱，包括买彩票。（请参考本书“5. 男女有别”章节内容。）

3.2 关于庄家赢率的一个悖论

关于高估得奖机会，笔者发现一个悖论。当我问学生各种赌博的回报机会时，几乎所有学生都大大低估了。例如，我问：“如果用 100 元买老虎机（也称角子机；slot machines，pokies）的 100 个筹码，每个都能玩一次，即一次性玩 100 元，请问预期可以取回的钱数是多少？”请读者先自己说出答案，不知道的也可以猜猜，再读下文。

绝大多数学生的答案是介于 2 元到 20 元之间。这是错到离谱的答案。根据澳大利亚政府的规定，赌馆平均必须赔给赌徒至少 88%。假定赌馆的实际赔率比这高一点儿，达到 90%，对于赌徒而言，这也是很糟糕的赔率。相当于你玩 100 元，根据你每次玩的大小，可能只用了几分钟的时间，就平均输掉 10 元。多数人不会玩几分钟就离开，而是继续玩几个小时。你的 100 元，玩一次变成90元，再用90元玩一次，剩下81元，然后是72元，65元……多数人不到半小时就得从自己的钱包再拿出钱，才能继续玩。几小时后，很可能会输掉数千元。这只是小赌徒的情形，大赌徒则是数以百万，甚至千万计。而且，多数赌徒不是一年玩一次，而是很多次。你看，包括在澳大利亚、美国、新加坡、中国澳门等地的赌馆，都是巨大无比、金碧辉煌的，工作人员很多，他们的薪酬也比当地社会平均工资高，赌馆又要缴纳很多税给政府，这些钱从哪里来呢？当然是从赌客的钱袋里来的呀！

根据新加坡《联合早报》2016年9月30日与10月3日的报道，2015年7月到2016年6月的财政年度，澳大利亚人赌博输掉230亿澳元，约合人民币1175亿元，人均4000多元，其中还包括小孩子，名列世界第一。每年甚至有约400人因为赌博而自寻短见。澳大利亚赌客输掉的钱，有超过一半是被老虎机吃掉的。在澳大利亚不但正式赌馆有老虎机，在酒吧、体育馆、退伍军人俱乐部等场所也有，全国共有20多万台，占全球的1/5，而澳大利亚人口只有全球的约1/300。在新加坡，截至 2016 年年中，有 25.6 万多份“自愿禁门令”，人们自愿申请禁止自己进入赌馆。(新加坡总人口才 500 多万。) 禁止自己进入赌馆，这是明智之举。

笔者多年前曾经在美国一个允许赌博的城市［记得应该是太浩湖（Lake Tahoe），没有拉斯维加斯（Las Vegas）大］参加会议，会议的旅馆下方就是赌场。著名经济学家曼瑟尔·奥尔森（Mancur Olson）在发言时说：“绝大多数人都低估了在赌场的娱乐成本。”笔者上述悖论就是这样，绝大多数人往往会低估在赌场赌博的娱乐成本，而在回答关于赌场的赔率问题时，又往往低估了赔率，或高估了在赌场赌博的娱乐成本。这个悖论要如何解释呢？

笔者的解释是，很多人没有充分区分一次性赔率（或赌徒的输率）与长时间继续赌博的输率，两者有很大不同，是几十倍以上的关系，而不是许多人认为的几倍。

上述最低赔率 88%（输率 12%）是指老虎机的情形，其他形式的赌博，有各种不同的输赢率。例如，有 30 多个号码的大轮盘，如果你赌单双号，则是一赔一。如果轮盘上只有 1 到 36 共 36 个号码，则赌馆完全不能赚钱。因此，通常还有一个 0 号，如果出现 0 号，赌馆就单双号通吃。有些赌馆还会再加上一个 00 号，也是通吃。如果只有一个 0 号，赌徒的输率约为 3%；如果还有一个 00 号，则输率约为 6%，但确定数目还要看其他号码的赔偿额而定。例如，如果单买一个号码，胜时的赔率是 1 赔 35，还是比较低的。

3.3 “21 点”，套路多，还是认真读书吧

有一种很多大赌徒都喜欢玩的巴卡拉纸牌游戏（Baccarat），赌徒的输率，或庄家（即赌馆）的赢率（House edge）只比 1% 多一些。由于赌额通常很大，因此赌馆赢率就算只有 1% 也有钱赚。相对而言，基诺（Keno）的庄家赢率虽然高达 25%～29%，但另一方面来说，赌馆安排这种游戏的成本也比较高。牌九的庄家赢率是 1.5%，轮盘是 2.7%，老虎机是 2%～15%。（详见 Wizard of Odds 的网站：http://wizardofodds.com/gambling/house-edge/）

而庄家赢率最低的赌博方式是 21 点（Blackjack）。

即使假定赌徒用最好的方法玩，庄家赢率也要看不同赌馆的具体规定而定，例如是否任意两张牌都可以加注（对玩家有利），还是只有9、10、11点时才可以加注；分牌可以分到多少门（分成越多门对玩家越有利）；Blackjack是赔3对2（对玩家有利），还是6对5，等等。规则比较差（对玩家）的21点，庄家赢率高达约6%。如果根据拉斯维加斯的（对玩家而言）比较好的规定（应该是全世界最好的21点规则），庄家赢率只有约0.28%，甚至低到0.19%或0.14%。但是，如果庄家赢率真的只有这么低的水平，赌馆非关门不可了。然而，这些数目是假定赌徒用最好的方法赌，而实际上，尤其是中国澳门赌馆的情形，赌徒的水平，真是惨不忍睹。以笔者估计，赌馆的实际赢率，应该远在5%以上。

例如，如果庄家的牌是4、5或6点，玩家有12点或以上就不要再补牌（除非算牌，知道剩下的牌点数很小）；庄家的牌是2或3点，玩家也补到13点就可以停止了。相反的，如果庄家的牌是7点或以上，则玩家必须补到17点或以上。玩家最常见的错误包括：

1. 庄家的牌是4、5或6点，玩家13或14点还补牌（12 点就不应该再补了）。

2. 庄家是 7 或 8 点，玩家 15 或 16 点就不补牌。

具体来说，在规则上，庄家非补牌到 17 点或以上不可。因此，如果庄家第一张牌是 4、5、6，庄家就很可能会爆牌（超过 21 点），例如拿到两张大牌就爆了，而大牌有很多，9、10、J、Q、K 都是大牌。这时，玩家的最优策略是维持不爆，12 点就不要再补牌。相反的，如果庄家第一张牌是 7 点以上，则很难爆牌，所以玩家必须至少补到 17 点才停。庄家 10 点是好牌（对庄家），玩家必须补到 17 点（这是对的）；庄家 4、5、6 点是坏牌（对庄家），玩家只需补到 12 点（这也是对的）。因此，很多玩家误以为，如果庄家是中间的 7 或 8 点，玩家就应该补到 12 点到 17 点中间的 15 或 16 点就停止补牌（这是错的）。

一般来说，庄家 7 点或以上就比较难爆牌，玩家应该补到 17 点。玩家在 15、16 点或以下就停止补牌是失误。但当庄家是 9 或 10 点时，这个失误还算比较小；而当庄家是 7 或 8 点时，失误就比较大了。如果庄家是 7 点（或 8 点），最后很可能会以 17 点（18 点）停止

(因为剩下很多10点以上的牌)，而玩家只要补到17点（18点）就能持平，18点（19点）或以上就能赢钱。如果庄家是10点，最后很可能会以20点停止，那么玩家即使补到18、19点也很可能还是输。因此，对庄家的9或10点，在15或16点时补牌的净价值不大（其实，玩家手里的16点对庄家的10点，补牌不补牌结果几乎持平)；而对庄家的7或8点，玩家在15或16点时补牌的净价值却很大。

其他玩21点时容易犯的错误，包括应该加注而不加注，应该分牌（把相同号码的两张牌分成两门）而不分，等等。一个大错是把两张10点的牌分成两门，多数情形是对庄家的小牌时（对庄家的大牌分10点是更大的错误，但很少有人犯这个大错)，因为有些人认为10点比小牌好，分成两门赢的钱可以加倍。虽然也没有错，但加倍赢钱的概率，其实不到20点（非常好的牌）赢庄家小牌的概率的一半。因此，维持20点不分，是更加有利的选择。一个相反的错误是没有把两张8点的牌分成两门。因为只有16点，不补牌点数不够，补牌了多数会爆。因此，应该把两张8点的牌分成两门，即使对庄家的大牌也应该分（例外的情形很少）。11 点是加注的最好点数，因为再拿到 10 点就满分了，即使对庄家的 10 点也要加注。如果庄家是小牌，玩家在 10 点或 9 点时也要加注。如果规则允许，A 加一张小牌（尤其是 4、5、6 点），对庄家的小牌（尤其是 4、5、6 点）也应该加注。

当然，分牌与加注都需要根据自己与庄家的牌而定，其中有很多学问，也有很多介绍这些知识的书籍。不过，即使 100% 根据最优玩法，也只能够把赌馆的赢率减少到 0.28%~6%（根据不同的规则而定），玩家不能赢钱的概率更大。何况人人都会失误，偶尔会不小心玩错，就更增加了庄家的赢率。不过，21 点应该是唯一可以合法赢钱的赌博方式，但这必须靠算牌。本·麦兹里奇（Ben Mezrich）在 2002 年写了一本根据事实改编的书 *Bringing Down the House*，2008 年这本书被改编为电影《决胜 21 点》，讲述的是美国麻省理工学院（MIT）的学生到拉斯维加斯靠赌 21 点赚钱的事情。

算牌的原则是：在玩 21 点的过程中用的牌（从一副到八副不等），玩过的牌会被搁置在一边，继续玩剩下的牌；因此，玩家可以根据出现过的牌的点数估计剩下的牌是偏向大牌还是小牌，从而调整赌注与玩法，增加赢钱的概率，把庄家的赢率减少到负数，也就是使自己可以赢钱。其中几项要点包括：

1. 当剩下的牌偏大到使庄家赢率变成负数时，玩家增加赌注。如果有合伙人，可以发出暗号让其加入并赌大。因为如果只有你自己增加很多倍赌注，会引起赌馆注意。但是，有些赌馆不允许新玩家中途加入（尤其是在牌的副数比较少的情形下），从而使合伙的方法不能使用。

2. 当剩下的牌偏小时，补牌会爆的概率比较小，因此可以多补牌；当剩下的牌偏大时，玩家就要少补牌。

3. 当剩下的牌偏大（小）时，多（少）加注（doubling down），多（少）分牌。

以上这些要点是根据“大牌对玩家有利，小牌对庄家有利”的原则来说的。以下几个原因可以解释：

A. 玩家如果拿到 Blackjack，庄家一般赔 3 对 2。因此，如果剩下很多 A 与 10（包括 J、Q、K），就会增加玩家拿到 Blackjack 的机会，对玩家有利。

B. 庄家必须补牌到 17 点，而玩家可以选择在比较低的点数就不补牌。因此，剩下大牌就会增加庄家爆牌的概率（比增加会赌的玩家爆牌的概率更大），对庄家不利。

C. 玩家可以加注，但是加注后只能补一张牌，如果拿到大牌对玩家有利。

即使可以算牌，大致也只能减少庄家赢率约一个百分点。在庄家赢率超过1%的情形下，算牌也不能赢钱。因此，只能够在像拉斯维加斯的庄家赢率低的赌馆，才能够靠正确玩法加上算牌赢钱。但这些赌馆有各种观察算牌者的方法，不让他们玩。算牌没有违法，但赌馆也可以合法地排除其怀疑是算牌者的玩家。因此，市面上也有书籍教算牌者如何用各种方法掩饰，使赌馆不知道你在算牌。在中国澳门与新加坡，几乎所有赌馆都已经改用机器分牌，并用6到8副牌（使用的牌越多，越能减少算牌的回报），把用过的牌再次放进机器中，而不是搁置一边。这样，玩家已经不能够算牌，连几乎唯一可能赢钱的21点都已经不能赢钱了。

因此，想要不输钱，就只能不赌博；想要赚钱，则必须走正当途径。所以，还是好好读书与工作吧！

4. 关于健康的谬误

健康不是一切，健康的人未必一定快乐，但健康对快乐有很重要的影响，这不但是快乐研究的结论，也是大家用常理与自己的经验就能够确认的事实。给定自己天生与以前经历所决定的体质，影响今后的健康的因素主要有如下 4 种。

A. 乐观或悲观的人生观。这虽然也受限于天生与以前的经历，但在一定程度上，主观能动还是可以起一些作用的。各种事情要看开一些，对解决问题没有作用的悲伤或生气有何用处？

B. 尽量规律地起居。包括充分的睡眠，不要用熬夜来折磨自己的身体。最好每天在同样的时间睡觉与起床。成年人每天需要 7~8 小时的睡眠，青少年与小孩则需要更多一些。

C. 健康的饮食。包括多吃蔬菜水果，少吃咸，不用太多糖、味精等。最好以全谷面包完全替代白面包，以糙米、小米、玉米、荞麦、番薯等杂粮替代至少一半的白米饭或白馒头。布兰费罗（Blanchflower）等人（详见参考文献 14）根据英国的数据发现，多吃蔬菜与水果的人比较快乐，顶点是每天吃 7 份（一个平均大小的苹果是一份）。

D. 长期坚持适当的运动。（关于运动和健康的正相关，见参考文献 39。）

根据 2016 年 10 月 1 日《联合早报》的报道："世界卫生组织数据显示，害怕变老的人可能更短命。世卫组织引述一份研究报告称，'相较于态度正面的人，那些对自己变老持消极看法的人，从身心健康问题中康复的能力较差，他们的平均寿命也比态度正面者少了 7.5 年'。"其实，不只是害怕变老的悲观态度，其他悲观态度也同样对健康不利。

4.1 没有时间运动？大错特错！

运动对健康和快乐都非常重要，大家应该都知道，但绝大多数人却没有用足够的时间、金钱与精力来保持健康。很多人都说:“我知道运动很重要，但是没有时间。”这是大错特错的！如果你时间太多，可以不必运动；如果你时间不够，则非运动不可！包括打太极拳，笔者每周用多于10小时的时间在锻炼身体。如果你每天用约一小时的时间进行锻炼（例如早上锻炼半小时，睡前打太极拳半小时；但也不要运动过量)，则你的睡眠质量会比较好，可以少上床至少半小时，每天精神还比较好；工作效率比较高，工作时间至少可以减少半小时且产量提高；每天也会比较有精神，可以更好地享受人生的乐趣。所以说，运动并没有用掉时间。短期内(持续运动几个星期后）就已经节省了时间；长期而言，你还可以至少多活十年。运动让你赚取时间！因此，认为人生“譬如朝露，去日苦多”的人，更加必须运动。(详见参考文献3。)

4.2 太讲究清洁卫生

在经济条件已经改善的现代城市，关于保健的一个错误，往往不是不够讲究卫生，而是太讲究清洁卫生。

这反而对健康不利，尤其是孩子与年轻人。老年人可能比较需要讲究清洁卫生，但孩子与年轻人更需要锻炼，包括身体抗病毒、病菌的锻炼。一些研究证实，小时候（尤其是 3 岁以下）在太过清洁卫生的环境下生活的孩子，长大后比较容易有过敏的问题。除了过敏，抵抗力也会比较差。

现代清洁卫生水平大幅提高以后，过敏问题大量增加。例如，西方国家的人们花粉热、气喘、湿疹、荨麻疹等过敏问题的比例，从 1980 年的 10%，增加到 1998 年的 20%，2010 年为 30%。有过敏问题的人比例快速增加，不可能是基因变异造成的，而是环境改变造成的。经相关研究后，大致可以确认是幼儿期的过分清洁卫生的环境造成的后果。由于环境过分清洁，身体的免疫系统没有充分运作的机会，造成孩子长大后过敏与抵抗力不够。过分卫生造成过敏的假设，斯特罗恩（Strachan）1989 年提出这一观点后得到大量的后续研究支持。（详见参考文献 15、17、36。）

在中国就有些过分照顾孩子的倾向，加上独生子女政策的影响，那些从小娇生惯养的孩子们，多数没有获得足够的锻炼。例如，2012年笔者在广州时，发现路上的父母或祖父母们给几岁的孩子穿很多衣服。当时，11月中的广州早晨大约17℃，没有风，又有大太阳，笔者脱光上衣在阳光下运动（笔者在墨尔本5℃时，只要有阳光而没有大风，也是脱衣运动），看到很多3至5岁的孩子穿了三四层厚厚的衣服。这对孩子的健康成长应该是不利的。那些父母或祖父母们大概很怕孩子着凉，却忽视了长期的抵抗力。笔者在西方，经常看到年纪比自己大很多的老人穿得比笔者还少，而在东方却经常看到年轻人穿得比笔者多很多。可能一部分原因是从小被娇生惯养，习惯穿太多衣服了。孩子们应该逐渐少穿衣服，多晒太阳，至少男生应该这样。(关于太阳和健康与快乐的正相关，见参考文献40；关于知识对健康的重要，见参考文献80。)

我们这一两代人，在这方面已经来不及了，但至少那些将要有孩子的父母们，应该认识到过分清洁卫生与过分怕孩子着凉的谬误，养孩子时（尤其是幼儿时期）不必太过计较清洁卫生，不但可以节省时间，也对孩子好。当然，这不表示可以完全不讲卫生。中庸之道，这里也适用。然而，在中国，尤其是独生子女的情况下，绝大多数孩子显然是被过分照顾了。

5. 男女有别①

笔者到香港城市大学访问，蒙副校长何炘基教授赠其近著《情是何物?》一书。此书由牛津大学出版社于2006 年出版，收集何教授近年在香港《信报》的文章，“以科学态度看种种形而上学的问题”（《信报》社长林行止序），“处理情绪和感情的各个面向；论述有据之处，妙趣横生”（台大熊秉元序），从“花落谁家”到“人可貌相”，从“男女之别”到“情绪的经济作用”，直觉、懊悔、堕胎、宗教信仰等，几乎无所不谈。何教授曾修读生物学，能集经济学与生物学之大成，深入浅出地论述各种有趣的问题，笔者可以诚心向读者大力推荐此书，读者应能在有趣阅读之余，增加许多有用的知

---

① 本章修改自笔者 2007 年发表于《经济学家茶座》的文章。

识。本章补充了关于男女有别的论述。笔者未曾修读生物学，但曾涉猎达尔文进化论，自信能掌握其基本原理，应该不会过分误导读者。

5.1 进化生物学的启示

何教授从三年前哈佛大学校长萨默斯（L. Summers）因关于男性在科学上的能力（aptitude）较高的谈话而惹祸谈起。其实认为男女有别，未必就认为男女不平等。男子的数理能力强、智商高，而女子的语言能力强、情商高，不是很平等吗？

进一步说，数理能力强、智商高，适合于科技研究等工作，而语言能力强、情商高，适合于领导与管理。由女校长来领导男教授，女总统、女经理来领导政府与公司，应该是很合适的，现在也开始有这种趋势。将来女子是否能够在这方面超越男子？至少在民主国家，可能妨碍这趋势的主要因素，不是法律与文化，也不是生儿育女的负担（这是第二要素），而是女子天生没有男子这么强的争取第一的冲劲。这冲劲上的差异，也是由于生物或进化上的原因。有趣的是，笔者有一次在莫纳什大学（Monash University）的一个博士班对学生说了这个道理。一位从中国来的女生说："女子不适合当第一把手，只适合当副手。"我很惊奇，问她为什么。她说："女子比较情绪化，情绪波动比较大。"一位本地（澳大利亚）女生激烈反对，说得很冲动。那位从中国来的女生说："看，你现在不是很情绪化吗？"

我后来想想，认为这位从中国来的女生所说的，并非没有道理。相对男子而言，女子好像真的受情绪影响比较大。可能一方面是由于生理原因，一方面由于女子的直观观察与判断能力（尤其是关于人的品性、可靠性等）比较强，所以比较少依赖理性分析。不过，后来又听另外一位学生说："女子到了可以做总统或总经理的时候，几乎都超过了生理期的年龄，因此，生理因素影响应该不大。"显然也有道理。不过，最近（2018 年 1 月），新西兰 37 岁的女总理发推文称自己已经怀孕，数月后即将升级做妈妈。

关于男女之别的生物学或进化论原因，何教授强调男子精子的数目（以百万计）大大高于女子卵子的数目

(每月一个)，因而使女子择优而交，男子比较滥交。(何书第 4 页）这种男女不同的行为模式是进化生物学关于男女有别的 ABC，肯定是对的。不过，我认为原因主要不是精子与卵子的数目差别。一个女子在生育期，每个月虽然只有一个卵子，但一生也有几百个的。如果主要是卵子数目的限制，则与多产男子的孩子数目也相差不大。因此，男女差别，应该另有原因。

一个女子怀孕后，还必须十月怀胎，一两年喂奶，其间不能再怀孕（天生性能，以集中精力喂大孩子)。此后还要相当多年的照顾，才能把孩子养大到能够生存的年龄，这样才能有效地把自己的基因遗传下去。因此，女子天生择优而交，并且要找一个能够保护自己和孩子、帮助自己把孩子养大的男子，自然会重视身材高大、有物质或经济能力等因素。

相反地，一个男子，只要半小时，就能够把基因遗传下去，滥交的回报很大，几乎人人有这种倾向。这种倾向使一个男子的基因遗传可能性极大化，但未必使其幸福极大化。虽然有所谓“齐人之福”，但我比较相信我妈妈在世时经常说的“头条苦，一个人两个老婆”。

真正能使幸福极大化的，是能够双方配合的夫妻关系。如果男人能够认识到基因遗传极大化未必是幸福极大化的道理，就可以少犯“错误”，避免或减少“克林顿的烦恼”。如果女人能够认识到男人的这种倾向只是天生本能，就能避免或减少过分的悲伤，甚至像林黛（20 世纪 60 年代香港著名演员）那样自杀而亡。

尤其在一夫一妻制之前，一个男子如果能够成为部落之头人，就能得到和许多女子交配的机会，大大提高他的基因遗传的可能性。女子受一生能够生养孩子数目的局限，成为头人对基因遗传的作用相对较小。因此，女子天生没有男子这么强的争取第一的冲劲。

有一个有关的故事。据说美国第 30 任总统卡尔文·柯立芝（John Calvin Coolidge Jr.，1872—1933）在任时曾经和夫人参观一个农场。因为总统时间比较少，所以总统夫人与总统参观的时间是分开的。当总统夫人参观一个养鸡场时，刚好一只公鸡与母鸡在交配，总统夫人问管理员：“公鸡每天与母鸡交配几次？”管理员答：“至少十次。”总统夫人说：“等下总统到这里参观时，请你把这件事告诉他。”柯立芝总统到养鸡场时，管理员把这件事（公鸡每天与母鸡交配至少十次）向总统说了。总统答："是吗？那请问这公鸡每天交配十多次，是与同一只母鸡，还是与不同的母鸡？"管理员说："当然是与不同的母鸡。"总统说："请你也把这件事向总统夫人说一下。"大概由于这件事情，学者把下述效应称为 Coolidge 效应。不只是公鸡，多数的雄性动物，当只有一只雌性动物让它交配时，它交配几次后，就停止交配。不过，如果你放进另外一只雌性，它就会马上又开始与这只新的雌性动物交配。

男女的另一个不同是，从外表上看，女子认为比较成熟的男子比较有吸引力，而男子认为比较年轻的女子比较有吸引力。这也是生物原因使然。从生存与传播基因的生物观点看，一个女子要从一个男子得到的是含有良好基因的精子，能够保护自己和孩子，以及帮助自己把孩子养大的能力，而这需要时间。年轻人的生存能力还没有经过太多的考验，不是首选。老年人剩下的强壮时间无多，也不是首选。因此，女子认为成熟的中年人最有吸引力，认为年轻人太"boyish"（孩子样）。

女子的生育期，约从十几岁到四十多岁，如果太老才生孩子，不能在有生之年把孩子带大，也不能把基因遗传下去，不如集中精力把以前生的孩子带大。一个男子要从一个女子得到的，除了有良好基因的卵子，还有一个能够长期照顾孩子的母亲。

男子和女子有一个重要差异，女子怀孕生子，能够肯定孩子有自己的基因，而男子却不能确定。因此，基因使男子偏好年轻的女子，只要已经进入生育期，越年轻越好，因为这样年轻的女子已经怀有他人孩子的可能性比较小。

同样的道理，可以解释为什么楚王好细腰，以致宫女多饿死。几乎所有男子都喜欢细腰，因为怀有孩子后，腰肚会大起来，而细腰能减少已经怀孕的可能性。楚王只是更加突出这一点而已。

为什么美女叫作“红颜”，因为男子认为脸色红润的女子美。为什么呢？因为脸色红润是身体健康的表征之一。如果一个人喜欢脸色青黄的女子，这人的孩子都会有不健康的基因，还没有长大就死掉了，又怎么能代代传下去呢？

5.2 青少年晚睡晚醒的终极解释

只要掌握进化生物学的基本原理，加上常理推论，就能得出许多富有解释力与启发性的结论。根据这个方法，笔者提出了一个“青少年晚睡晚醒”的终极解释。

由于地球的自转，人们有日出而作、日落而息的生理上的昼夜节律（Circadian Rhythm）。然而，每位有青少年孩子的父母都知道，孩子到了青少年时期，很难让他们早睡早起，他们总是深夜才睡，很晚才醒。科学研究也证实这点：卡斯克敦（Carskadon）等人（参考文献20）的“结果显示，这青春成熟的转换期（11～12岁）对时期偏好（即昼夜节律的延迟）有显著影响，而社会心理因素的影响没有预期的大”。（详见参考文献26、35。）也就是说，这青少年的晚睡晚醒，主要是生理的原因，而不是其他坏孩子的影响。然而，为何有这种生理原因呢？以我所知，没有学者回答过这个问题。我的答案是：“月上柳梢头，人约黄昏后。”（欧阳修）这话怎么讲？

生物上的解释有所谓直接的（proximate）与终极的（ultimate）之别。（详见参考文献 46。）对于我们的上述问题，直接的原因可能包括体内的一些分泌物使青少年很难早睡。对于这些直接的原因，我没有专业知识。终极的原因要问，为何到了青少年时期就有这些分泌物使他们不能早睡呢？

由于人类是进化而来的，多数终极原因都可以在进化生物学中寻找。青少年发育之后，就进入性成熟期，就能够“人约黄昏后”。为什么是黄昏后，而不是大白天？由于隐私与安全的原因，男女交合多数是在夜里，而不是在白天。“昨夜星辰昨夜风，画楼西畔桂堂东”（李商隐），是昨夜而不是昨日。

青少年发育后，为了（自然选择的原因，未必是人们心中有的念头）有更多的时间“人约黄昏后”，寻找异性，因此需要晚睡。如果晚睡而早醒，多数会睡眠不足，只能晚睡晚醒。那些可以造成青少年晚睡晚醒习惯的基因，就被自然选择出来，增加传宗接代的概率。这就是笔者对青少年晚睡晚醒的终极解释。

知道了青少年天生晚睡晚醒的道理，不但做父母的应该多体谅他们，社会也应该考虑采取一些相应的措施，例如中学应该比较迟上课，以免中学生睡眠不足。

5.3 关于婚姻的谬误

大量的快乐研究的一个很一致的结论是，已婚的人比单身的人明显地更加快乐。因此，适婚年龄而未婚的读者，应该不要等待太久。然而，也不可以随便找一个对象，结了算了，因为在闹离婚的比单身的还更加不快乐。要结婚，但要找到一个适合的对象。2014 年，在南洋理工大学有一个新生的见面安排，让我讲话。我的一个要点是，你们读大学的几年时间里，不要只拿一个学位，还要找到对象，因为大学是找对象的黄金时代，信息、机会比较多，人们也比较真诚。不过，我又说，如果你们现在还没有对象，无论多么快，都比不上我，因为我们（我与妻子）中学就开始交往了。

在荷兰与美国，人们（受访者）都认为结婚并不能够增加生活满意度，但实际上他们的生活满意度却受婚姻的正面影响。(参考文献 43，第 99 页。) 同样的，人们认为，其他条件一样，年纪大的人生活满意度应该比较低，但他们自己的满意度却随年龄之增加而增加。古人说，男大当婚，女大当嫁，是有道理的。可能有些读者认为，男女关系并不需要靠婚姻维持，而且性爱服务在市场上也可以很容易买到。然而，双方长期互相适应配合，而能达到的各种关系的高度，并不是一夜夫妻或商业服务所能够比拟的。这也是快乐研究所证实的。

记得约 20 年前，有一位地位相当高的领导的 50 多岁的妻子去世了，他很伤心。他的一位同事劝他说："妻子去世了，可以再娶一位年轻的，不是很好吗?"虽然年轻女子外貌上比较有吸引力，但能够真正大量、长期增加快乐的是长期配合很好的配偶。因此，还能够挽救的婚姻，就不要轻易离婚。当然，如果不能挽救，与其长期痛苦地维持没有快乐的婚姻，还不如选择离婚。

一个可能会让人们以为婚姻不能增加快乐的原因，是人们常常听到某某人婚姻破裂，某某人离婚等坏消息，使人们说“婚姻是爱情的坟墓”。其实，多数快乐的婚姻没有什么传言，而少数有问题的婚姻就有很多传言。你如鱼得水时，不会找亲戚朋友谈；你有问题时，才找亲戚朋友谈。所以可能会误导旁观者。

不久前，中国顶级经济学期刊《经济学（季刊）》刊登了一项有趣的结论。文章的标题是《好男人都结婚了吗?》，结论是“不是因为好男人都结婚了，而是因为结婚了，有了妻子的‘相夫’，他才成为能够赚取高工资的好男人”。(参考文献 7，第 838 页。) 如果对象适合，结婚应该是互惠互利程度最高的安排。

另外一项有趣的结论是:“受过大学教育的女性，幸福感最高的是‘有家庭无工作者’，其次才是‘有家庭有工作者’，再次是‘有工作无家庭者’，最不快乐的是‘无家庭无工作者’。”(参考文献 8，第 27 页。) 家庭与工作都重要。

6. 决策与行为方面的谬误

2002年诺贝尔经济学奖颁给一位实验经济学家弗农·史密斯（Vernon Smith）与一位对行为经济学有很大贡献的心理学家丹尼尔·卡尼曼（Daniel Kahneman）。这几十年，这两个相互有关的经济学领域有很多人在研究。行为经济学主要研究超越传统经济学的理性（尤其是自利理性）行为，是对传统经济学的重要补充。心理学者与行为经济学者发现人们许多不完全理性的行为，可以给大家提供借鉴。这章讨论的多数课题取材自卡尼曼的非常值得细读的 *Thinking, Fast and Slow* 一书，部分也在拙著《快乐之道》中讨论过，但本章有笔者新的评论。

6.1 一些显然的错误（对数字误判导致决策错误）

有些错误是非常显然也无可争议的，但却有好多人犯错。例如，让你选择下面两个瓮之一，随机取瓮中的一粒珠子，只有红珠子有奖金。

甲瓮有 10 粒珠子，其中一粒是红色的；

乙瓮有 100 粒珠子，其中 8 粒是红色的。

显然的，为了增加获得奖金的机会，应该选甲瓮；其得奖概率是 10%，而乙瓮的得奖概率只有 8%。然而，有 30%~40% 的学生选择乙瓮，因为他们认为乙瓮有 8 粒红珠子，误以为机会比较大。

另外一种有些类似的显然失误是，好多人认为“使每 1 万人中 1286 人死亡的疾病”比“使人口的 24. 14% 的人死亡的疾病”更加危险可怕，而实际上前者的死亡率只有后者的一半多一些。(详见参考文献 81。) 1286 人死亡的绝对数字可能比较具体，也比较吓人。

上述两个明显的错误，是否只是分辨能力比较差的人的错误，而多数人是不会犯这种错误的呢？要能够进入大学读医科是需要非常高的成绩的，因此医生应该是智力比较高的人群。心理学者对医生们进行试验，让他们考虑医治肺癌病人的两个方法：开刀与放射。五年后的生存率是开刀明显大于放射，但是一个月内的死亡率则是开刀比较大。让一半的医生看开刀的一个月内的生存率：90%；让另外一半的医生看开刀的一个月内的死亡率：10%。这两个不同的数字，实际上是同样的结果的不同表述：90% 生存与 10% 死亡是完全一样的。然而，那些看到 90% 生存率的医生绝大部分（84%）选择开刀；那些看到 10% 死亡率的医生则有半数（50%）选择放射。(详见参考文献 47。) 非常高智力人群的选择，也有很大的非理性的成分。

很多读者可能像笔者一样，自认为不会犯上述三种类似的错误。然而，是否会犯下述笔者自己认为也会犯的错误呢？

词典甲，出版年：2013，内收词条数目：1 万。词典情况：像新的一样。让你估计最多愿意花多少钱购买。

词典乙，出版年：2013，内收词条数目：2 万。词典情况：除了书皮有些损坏，像新的一样。让你估计最多愿意花多少钱购买。

如果让人们只单独考虑这两部词典之一，绝大部分人愿意出比较高的价格购买词典甲，因为词典乙已经有些损坏。然而，如果让人们同时考虑这两部词典，则绝大部分人愿意出比较多的钱买词典乙，因为人们认为多一倍的词条比书皮略为损坏更为重要。个别评价时，人们没有注意词条数目，因为 1 万与 2 万都是一个大数目，因而只注重书皮有没有损坏的因素。两部词典互相比较时，词条数目的差异就凸现出来了。(详见参考文献 37。)

笔者承认，如果分开单独评价，笔者也是会出比较高的价格买词典甲，而当两部词典一起比较时，就会出比较高的价格买词典乙。这种偏好的改变，是否非理性呢？或者可以说，当个别评价时，词条数目的重要性没有获得足够的重视，而同时比较时，自然会注意到词条数目的很大不同，这最多只是着重点不完善的问题，不是真正的偏好改变，也不是真正的非理性。

假定你是法官或陪审员，考虑判决赔偿的数目。

A. 一个小孩子在玩打火机时，睡衣着火而中度烧伤，睡衣制造商被控告没有采用不易燃烧的材料。

B. 一家银行使用有问题的手段而使另外一家银行损失 8 万元 (8 千万元)。

人们对问题 B 的赔偿数目判断，多数会与损失数目相关。这不是要点。人们对问题 A 的赔偿数目，如果问题 B 是说 8 万元，多数会在问题 A 判决赔偿数万或十几、几十万；如果在问题 B 是说 8 千万元，多数会在问题 A 判决赔偿数百万或数千万，甚至以亿元计。对于问题 A 的应有赔偿数目，是比较难以决定的。因此，人们决定的数目，受到问题 B 中的数目的影响。然而，这两个问题是不相关的两个问题，问题 B 中的损失数目，不应该影响问题 A 的赔偿数目，更不应该以百倍千倍地影响。然而，笔者相信，笔者本身大概也会受到影响，虽然可能不是百倍千倍。你呢？

6.2 “顶峰—终结”法则

根据心理学者的试验，绝大部分人会有“顶峰—终结”法则（peak-end rule）的失误。不论是快乐或痛苦的感受，人们事后的评价会不顾感受时间的长短（duration neglect），而大致只是根据顶峰时刻与终结时刻的感受程度的平均价值来决定。A. 一分钟的中度痛苦；

B. 同样一分钟的中度痛苦，再继续半分钟的轻度痛苦。然后让他们选择，如果需要忍受多一次的 A 或 B，人们选择 B。实际上 B 的痛苦更大，但由于终结时的痛苦度比较轻，使人们错误地认为 B 的痛苦比较少。(详见参考文献 42。）这可以说是我们的记忆的不完善而造成我们的偏好不完全反映我们的苦乐。快乐才是最终目的，所以我们应该学会调整我们的偏好，以便更好地提高我们的快乐感。

不过，只是记忆的不完善吗？让人们评价另外一个假设的人的一生。如果整个人生每年的情况都一样，则人们对此人的评价不受此人的生命长度影响，不论是活了 30 年或 60 年，人们对他的评价都是同样的。因此，即使不受记忆失误的影响，人们依然有不顾感受时间的长短的失误。显然的，60 年同样快乐的一生，应该比 30 年的更好；60 年同样痛苦的一生，应该比 30 年的更糟。

同样的，一个很快乐地活了 60 年的人，如果再加上 5 年相当快乐，但比以前的 60 年快乐程度低的时间，人们对此人的评价不是提高了，而是降低了。一个很痛苦地活了 60 年的人，如果再加上 5 年相当痛苦，但比以前的 60 年痛苦程度低的时间，人们对此人的评价不是降低了，而是提高了。因此，“顶峰—终结”法则的失误，即使没有记忆的失误，依然存在。笔者认为，这种不顾感受时间的长短与有关的“顶峰—终结”法则的失误，肯定是不理性的。

6.3 “有记忆的自我”与“体验的自我”

学者让人们记录不同旅游的各个片段的感受，然后让他们选择，如果有机会再重复同样的旅游，要哪一个。结果发现，人们的选择，只是根据最后的评价，开始几天的感受不影响选择。决策者是“有记忆的自我”(remembering self)，不是“体验的自我”(experiencing self)。

想象你必须进行一项很痛苦的手术，你在手术进行时依然有感受，会痛苦地呻吟，哀求医生停止。不过，手术结束时，会给你吃一颗没有副作用的药片，使你完全不记得痛苦。对这一情景，你有何感受？诺奖得主卡

尼曼在 *Thinking*，*Fast and Slow*（第 390 页）中说："非正式的观察是，多数人会对他们的'体验的自我'的痛苦完全无动于衷（remarkably indifferent）。有些人说，他们完全不关心。其他人与我自己（即卡尼曼，笔者注）的感受一样，那就是，我同情我的体验痛苦的自我，但这同情并不比我会对一位陌生人的痛苦的同情更多。这虽然奇怪，我是我的'有记忆的自我'，而那位过我的生活的'体验的自我'，对我而言，像是一位陌生人。"笔者认为，这又是诺奖得主的一个失误。(关于诺奖得主的经济学失误，见拙作《从诺奖得主到凡夫俗子的经济学谬误》。) 笔者对自己的"体验的自我"的苦乐非常关心。

决策者是"有记忆的自我"，不是"体验的自我"。而很多决策者又对"体验的自我"无动于衷，很多决策肯定是不理性的，会大大降低"体验的自我"的幸福感。如何从这低效率的决策中学习，以提高包括"有记忆的自我"与"体验的自我"在内的快乐感，应该还大有文章可以做。

对于到底应该以"有记忆的自我"，还是"体验的自我”的快乐为标准，卡尼曼在 *Thinking*，*Fast and Slow*（第 410 页）采取折中的看法：“不考虑人们所要的幸福理论是不能够成立的。‘人们要的是“有记忆的自我”所认为的快乐。’另一方面，不考虑实际上在人们生活中产生的体验，而只关注人们所认为的，也是不能够接受的。‘有记忆的自我’与‘体验的自我’都必须考虑，因为它们的利益不完全重合。哲学家会对这些问题长时间争论。”

不必等哲学家的争论，笔者自己已经有一个明确的答案。终极而言，只有真正被体验的快乐才是快乐，才是有终极价值的。不排除也应该考虑“有记忆的自我”，但“有记忆的自我”所（经常失误地）认为的快乐之所以重要，是因为各种原因使它影响真正被体验的快乐，包括：(1)“有记忆的自我”是决策者，而决策影响真正被体验的快乐；(2) 如果不考虑“有记忆的自我”，人们会不高兴，而这会降低人们真正体验的快乐；(3) 有记忆的快乐会通过回忆等而增加将来的真正被体验的快乐。

为了验证唯体验快乐论（终极而言，只有真正被体验的快乐才是快乐，才是有终极价值的）的正确性，可以考虑下述两个选择。

甲：活了80年而最后意外立刻死亡的一生，前79年零11个月非常痛苦，包括健康状况不好、生活条件不好、人际关系也不好，等等。最后一个月吃了一种药丸，使你记忆中的前79年零11个月是美好的，这也使你在这最后一个月内相当快乐，但快乐强度没有前79年零11个月的真正痛苦的强度大，但你还是认为你的一生是非常快乐的（因为记忆被扭曲）。

乙：活了80年而最后意外立刻死亡的一生，前79年零11个月非常快乐，包括健康状况很好、生活条件很好、人际关系也很好，等等。最后一个月吃了一种药丸，使你记忆中的前79年零11个月是痛苦的，这也使你在这最后一个月内相当不快乐，但不快乐的强度没有前79年零11个月的真正快乐的强度大，但你还是认为你的一生是非常不快乐的（因为记忆被扭曲）。

聪明的读者，你选择甲还是乙？笔者肯定选择乙，因为被记忆的快乐，除了能够影响体验的快乐外，本身并不是真正的快乐，并没有价值。（详见参考文献3。）

6.4　有求于人，不要在其空腹时

有一项关于 8 位以色列法官决定是否批准囚犯的假释申请的研究。（Kahneman，*Thinking，Fast and Slow*，2011，第 43—44 页。）申请者很多，法官们整天开会逐项决定，平均每项申请只用 6 分钟。默认选择是拒绝，也就是说，如果法官们不能达成批准申请的决定，那就是拒绝。平均批准率是 35%。研究发现，当法官们饱食之后，批准率大幅提升到 65%；而当法官们空腹时，批准率大幅下降到接近于零。当他们肚子饿时，没有心思去考虑是否应该批准，就倾向于接受拒绝的默认选项。申请假释提呈给法官们决定的时间或次序是随机的，申请者没有选择权。不过，当你能够选择时，应该避免在当事人肚子饿时向他提出请求。

心情的影响

从 1960 年左右，由心理学家萨乐诺夫·梅德尼克（Sarnoff Mednick）开始，就有对创造力与联想的关系的研究。（Kahneman，*Thinking，Fast and Slow*，2011，第67—69页。）研究联想的一个方法是显示三个不同的词，让人们快速联想与这三个词都有关联的另外一个词。当然，不是任何三个词都可以联想到另外一个有关联的词。只给人们二秒钟的时间判断，显示的三个词是否有一个与这三个词都有关联的另外一个词。在绝大多数情形下，二秒钟的时间不够联想到那个（如果有）有关联的词。人们只能够猜想大概是有或是没有。人们的猜想比随机的正确率高很多。即使没有联想到那个词，人们好像也能够有一些信息，大约可以直觉地知道这3个词是否与另外一个词有关联。

更重要的研究发现是，人们这个直觉的能力受心情的影响很大。心情好的时候，直觉的能力强很多。心情不好的时候，这种直觉能力几乎完全消失，人们的猜想正确的概率只等于随机的。好心情对快乐、健康与表现的重要性，不言而喻。

过度乐观的错误

乐观一些，也有助于心情好，但过度乐观却会造成失误，尤其是当人们在决定是否要进行一项重大项目时。卡尼曼（*Thinking*, *Fast and Slow*, 2011，第 252—253 页）称这为计划的错误。人们经常过分估计主观条件、利益与成功的概率，而没有充分考虑风险、成本、失误等。这种倾向部分解释了“为何人们进行诉讼，发动战争与创办小企业”。当然，我们不鼓励人们过分谨慎，如果不启动可能会失败的事业，则永远也不会成功。不过，我们也应该吸取前车之鉴，做比较足够的筹备，减少失败的概率。

另外一个类似的错误是对自己的预测有太高的信心，例如杜克大学（Duke University）关于大公司的首席财务官对美国股市的预测的研究（Kahneman, *Thinking*, *Fast and Slow*, 2011，第 261—262 页）所显示的。让他们给出有 80% 信心的上下限，如果估计适当，超过上限与低于下限的概率应该只有 20%。然而，实际上有 67%，等于应有的 3 倍多。问这些首席财务官对美国标普指数下一年的预测，对 1.16 万个预测的分析显示，这些预测与实际数据的相关性是负的！也就是说，当他们多数认为明年会上涨时，则次年多数下跌；当他们多数认为明年会下跌时，则次年多数上涨。即使是大公司的首席财务官，对股市的走向的看法都完全不靠谱，遑论其他？

6.5 有关不确定性的一些错误

违背预期效用极大化

假定有3个篮子，每个篮子内都有2000张票，有些票有奖金，但多数没有。情形如下。

A：2张各有10万元的奖金，其他1998张没有奖金。

B：200张各有1000元的奖金，其他1800张没有奖金。

C：一张有10万元的奖金+100张各有1000元奖金，其他1899张没有奖金。

简单地说，A篮有一个小概率（1‰）获得大奖（10万元）；B篮有一个相当大的概率（1/10）获得一个小奖（1000元）；C篮有A篮的一半获得大奖的概率，加上也有 B 篮一半的获得小奖的概率。以奖金的钱数与概率而言，三个篮子的预期价值是一样的。如果让你从上述三个篮子中选一个篮子，从篮子中随意抽一张票，请问你会选哪一个篮子？假定你的目的只是获得奖金带来的效用，而没有赌博的紧张刺激之类的要求。你可以对三个篮子没有偏好上的差异，认为随便选哪个都可以。排除这个特殊的情形，不同人有不同的选择，一般每个篮子都有人选。选 A 的属于风险爱好者，选 B 的属于风险厌恶者。选 C 的违反了不确定性的情形下，应该把预期效用极大化的原则。(详见参考文献 1、56。) 选 C 的预期效用是选 A 的预期效用的一半，加上选 B 的预期效用的一半。不论是 A 或 B 的预期效用哪个比较大（已经排除两个相等或没有偏好差异的情形），那个比较大的，一定会大于那个大的的一半加上小的的一半。因此，选 C 是错误的。

很多人选 C，是看到 C 有得大奖的小概率，也有得小奖的大概率，好像很不错。这又很可能受到我们在确定的情形对各种消费品的选择的影响。如果让你一天吃 2 根香蕉或 2 个橘子，你认为没有差异，那么让你一天吃 1 根香蕉加上 1 个橘子，你多数会更加满意。这是经济学中的偏好的凸性，消费者有多样化消费的偏好。香蕉与橘子各提供不同的营养与味道，只偏食一种，不如各半。由于消费者有多样化消费的偏好，不同消费品有广义的互补性。这种互补是由于你两者都消费，然而这种互补在上述不确定性的 3 个篮子的选择的例子，并不存在。如果选 C，那个获得大奖的 0.05% 的概率与获得小奖的 5% 的概率是相互排斥的，如果那个获得大奖的 0.05% 的概率实现，获得小奖的 5% 的概率就不可能出现；反之亦然。因此，不能够有互补的作用。排除紧张等因素（而这些因素在这个例子中并不重要），选 C 是错误的。不过，如果考虑紧张刺激、后悔、期待、安心等因素，很多被经济学者与行为学者认为是违反预期效用极大化的选择，未必真的是违反，有如下述。

未必违背预期效用极大化

经济学诺奖得主莫里斯·阿莱斯（Maurice Allias）在获奖之前，曾经让包括好多个后来获得诺奖的著名经济学者进行选择，证明他们的许多选择是违背他们所相信的预期效用极大化原则的。很多选择，例如上节的 3 个篮子的例子，是真的有违背的。统计学大师萨维奇（Savage）承认选择错误，但与其修改预期效用极大化的理论（至少在规范性的选择而言），他宁可修改其选择。在多数情形下，笔者与萨维奇的看法一样，认为应该遵守预期效用极大化原则，承认有时会选择错误。不过，本节要讨论的，是未必一定有违背的情形。

考虑下述两个各有两个选项（前项与后项）的不同选择：

A. 前项：61% 获得 55 万元的机会；后项：63% 获得 50 万元的机会。

B. 前项：98% 获得 55 万元的机会；后项：100% 获得 50 万元的机会。

面对这样的选择，很多人会在 A 时选前项，而在 B 时选后项。这是因为 63% 与 61% 差异不显著，A 的前项的预期价值又比后项的大很多；100% 与 98% 虽然也是相差两个百分点，但却从不确定变成确定，有质的变化，使这两个百分点的重要性变得很大。上述选择（在 A 时选前项，而在 B 时选后项）被认为是违背预期效用极大化原则的（包括 Kahneman，*Thinking，Fast and Slow*，2011，第 313 页）。如果比较 A 与 B，可以看出，B 可以说是从 A“优化”而来的，就是从 A 开始，对前项与后项都各加上 37 个百分点的得奖机会，就变成了 B 的情形。另外，虽然各加上 37 个百分点的得奖机会，前项的得奖数目比后项的大，因此，这“优化”的量，前项应该比后项更多。如果在 A 时，你已经偏好前项，在 B 时，更加应该偏好前项。因此，给定在 A 时选前项，在 B 时选后项是违背理性的。是吗？

上述推论是假定人们在上述选择只考虑获得奖金的效用，没有考虑诸如期待、后悔等心理因素。如果考虑这些因素，上述选择未必一定违背理性或预期效用极大化原则。如果你在 A 时选前项，即使结果没有获奖，你也不会很后悔，因为即使你选后项，也很可能没有获奖。然而，如果你在 B 时选前项，如果没有获奖，你会很后悔，很可能终生遗憾，因为如果你选后项，肯定会获奖，虽然奖金略微少一些。因此，为了避免这两个百分点的巨大的负效用，选择后项可能是明智的，即使你在 A 时选前项。在 A 时选前项是否明智，要看你的边际效用递减的程度。前项的预期价值是33.55万元，比后项的31.5万元大好多，如果金钱的边际效用递减的速度不是很大，选前项可能也是预期效用极大化的。这个例子说明，如果考虑后悔、期待、刺激等因素（关于买了彩票的白日梦效应，见“3.1 关于彩票的谬误”），有关风险或不确定性的选择，需要进行比较复杂的分析，不能够只根据获得金钱的效用而定。不过，也有学者认为人们通常事先过分估计他们将来可能后悔的程度。人们用心理防备或“心理免疫力”来减少后悔的副作用。(详见参考文献34。)

另外一方面，即使考虑了后悔等因素，也不能完全排除人们可能有一些不完全理性的偏好或选择。有一种很常见的错误是过分拒绝接受确定的重大损失，为了一线挽救的机会，而承担造成更巨大损失的风险。即使考虑了这一线机会的正效用等因素，往往也是违背预期效用极大化的不理性选择。

6.6 对损失的（额外）规避与“禀赋作用”

心理学家也发现人们有对损失的（额外）规避

(loss aversion)。当然，每个人都不要损失，这不是损失规避。损失规避是指对损失厌恶的程度明显大于对同等得利的喜好程度，大到不能够用合理的原因，例如金钱的边际效用递减来解释。由于金钱的边际效用递减，损失100万元的效用损失，通常明显地大于获得100万元的效用得利。然而，对于年收入数十万元的人，损失100元的效用损失，应该与获得100元的效用差不多，至少如果只是看金钱通过购买财物所能够带来的效用而言，应该是这样的。然而，人们对损失100元的厌恶，等于获得100元的喜好程度的约两倍或更多，这是损失规避。

如果你最多只愿意花100元买某个杯子，当你已经拥有这个杯子时，你却不愿意以180元的价格卖出，非得200元以上不卖，即使没有交易成本。这叫作“禀赋作用”(endowment effect；见参考文献45、77)。如果在试验时，没有让人们真正用手持有这个杯子，人们还没有形成拥有（禀赋）的感情，则没有买卖价格的巨大差异。

考虑一个更加极端的例子。假设你误饮一杯试验品，肯定有1‰的概率会快速无疾无痛苦而终，你最多愿意花多少钱（假定有时间卖掉财产）获得肯定能够解除这个概率的而没有副作用的药品？写下这个数目。现在假定你并没有误饮这杯试验品，问你至少给你多少钱，你才愿意饮。（饮后肯定有1‰的概率会快速无疾无痛苦而终。）写下这第二个数目。比较一下，第二个数目是第一个数目的几倍。根据心理学者的调查，平均是50倍。笔者认为，绝大多数人低估第一个数目，人们应该愿意但没有给出足够的钱来去除已有的1‰的死亡概率。

不包括在温饱线上下的人，也不包括那些对自己余生的快乐预期是负的人，对大多数生活快乐的人来说，失去生命是一个非常巨大的损失，如果能够，应该舍得花很多钱来避免。对大多数明显高于小康水平的人，即使用掉所有财产的10%，甚至50%，在经过一小段时间的调整之后，还是可以生活得很快乐，快乐水平几乎没有什么下降。如果没有花这笔钱，预期快乐就会下降1‰。然而，要拿出钱，人们有损失规避，多数人只愿意拿出所有财产的1%或1‰，这是不理性的。

不过，对于上述第二个数目（至少给你多少钱，你才愿意接受1‰的无痛苦死亡的概率），则可以是非常理性的，甚至是无穷大的。这是因为，对于生活在小康水平以上的人，更多的钱实际上并不能够带来多少额外的快乐。除非你是要用这笔大钱来做大事，做好事，能够给自己及他者带来很大的快乐，不然不值得冒1‰的死亡危险，因为增加消费只能够短期增加快乐，在适应之后，快乐多数会回跌到原来的水平。

6.7　下雨天找不到计程车

下雨天找不到计程车，除了很多人要乘计程车，还有另外一个原因。

计程车司机的工作时间是可以自己决定的，而且工作多就收入多。通过对纽约的计程车司机的工作时间进行研究，行为经济学者发现，他们决定何时停工，几乎是和传统经济学的分析相反的。

天气好时，很少人乘计程车，他们每小时能够挣的钱很少；天气不好时，很多人要乘计程车，他们每小时能够挣的钱很多。根据传统经济学的分析，甚至根据常理判断，计程车司机应该在天气不好时，每小时能够挣比较多钱时工作时间长一些，而在天气好时，工作时间短一些。然而，多数司机却反而在天气不好时，每小时能够挣比较多钱时工作时间短一些；而在天气好时，工作时间长一些，这就使下雨时要乘计程车的人们更难找到计程车。这并不是因为他们比较喜欢在天气好的时候工作（这因素很小），而是因为他们每天有一个能够赚到多少钱的收入指标。天气不好时，提前完成指标，因而提前收工；天气好时，需要延长工作时间才能够勉强接近指标，因而延迟收工。低于指标收入的数目，被认为是一种损失。由于人们有“损失规避”，低于指标收入的数目的重要性被放大。高于指标收入的数目，只是一种得利，其重要性被缩小。

其实，即使人们不能够避免损失规避的心理，只要适当地调整指标收入，就能够用比较少的总工作时间，赚比较多的总收入，从而增加总效用。例如，不必死死限定每天同样的收入指标，而是在天气不好，能够每小时多赚钱时，提高指标；在天气好，每小时少赚钱时，降低指标。实际上，计程车司机们不是完全死死根据每天不变的收入指标工作，除此之外，也还有工作时间的指标，但也很难说是完全理性的。（详见参考文献 19、23、29。）奚恺元和张焦（Hsee & Zhang）在 *General Evaluability Theory*（参考文献 38）里也论述了人们的评价受评价方式、知识与秉性的影响。阅读心理学与行为经济学发现，适当检讨与调整自己的期望、指标、行为等，是可能可以增加快乐的。

例如，获得经济学诺奖的心理学家卡尼曼（Thinking，Fast and Slow，2011，第 340 页）就向读者们建议：（1）买保险时，应该买免赔额（deductible，或称自负扣除）或起赔额（excess）最高的，也就是说，不要花钱买免除免赔额。（2）永远不买额外保修期保险。例如买新车时，有包括在价格内的一或三年保修期。通常可以多买额外保修期，但从预期价值上看是很不值得的。除非你的金钱的边际效用递减得很厉害，不然即使是从效用上看，也是不值得的。人们买额外保修期多数是受到“损失规避”的影响，怕万一出现大问题，维修的损失会带来很大的心理伤痛，甚至是在还没有出现问题时，也不时担心。如果你是这样的情形，花钱买个安心，未必不好。若然，为什么卡尼曼建议人们不买呢？可见他认为很多人的决策是有很大的不理性的成分的，对概率的估计也不是很准确。如果对可能但概率很小的损失，能够处之泰然，则不买是比较合算的。笔者最近才读到卡尼曼的上述建议，回想自己几十年来，完全是遵从这建议的。买起赔额最高的保险，不但可以大量减少保费，而且避免了花时间申请小数额的赔偿。长期而言，肯定是比较合算的。万一保修期过后出现问题，也不必后悔以前没有买额外保修期，尽量不受“损失规避”的影响，潇洒地花钱消灾。

还有一种类似错误是受沉没成本（sunk costs）影响决策。已经花掉的、不能够挽回的成本不应该影响决策。决策应该向前看，不是往后看。沉没成本的错误与人们想避免损失有关。例如投资 10 万元，然后发现这生意不能赚钱，即使不算已经投下的 10 万元，往前看还是不能赚钱，则应该忍痛结束。很多人为了避免已经沉没的成本成为确定的损失，为了避免面对这损失，又连续多投资金，以图挽回，结果往往是造成更大的损失。沉没成本的错误是经济学与商业课程所强调的。根据学者研究，读过经济学或与商业有关的课程的学生，会比较少犯沉没成本的错误。（详见 *Thinking，Fast and Slow*，Kahneman，2011，第 346 页。）

7. 成语、诗词、对联

7.1 成语

有一些来不及改，也不必改的成语错误，因为没有重大坏影响，但了解一下，可以增加知识。

扑朔迷离

《现代汉语词典》解释：“形容事物错综复杂，难于辨别。”这的确是现在的用法，但与原来的意义刚好是相反的。“扑朔迷离”是从《木兰辞》来的。花木兰女扮男装，代父从军。同伴不知道她是女儿身，等到随木兰回家，木兰换回女装才知道。因此，木兰说：“雄兔脚扑朔，雌兔眼迷离。双兔傍地走，安能辨我是雄雌?”意思是：兔子关在笼子里时，雄兔两只前脚时时动弹，雌兔两只眼睛时常眯着，所以容易辨认雄雌。如果两只兔子贴着地面跑，谁能分辨出哪只是雄兔、哪只是雌兔呢？因此，实际上“扑朔迷离”是分辨得清，反而是“傍地走”时才分辨不清。不过，由于“扑朔迷离”的字面意义，被当成分辨不清，这个错误用法在人们心中已经根深蒂固，来不及更改了。如果把“扑朔迷离”当成分辨得清用，会被误会，只能将错就错了。

郢书燕说

古时候，有个人从楚国的郢都写信给燕国的相国。这封信是在晚上写的。写信的时候，烛光不太亮，此人就对在一旁端蜡烛的仆人说：“举烛。”（把蜡烛举高一点）可是，因为他在专心致志地写信，嘴里说着举烛，也随手把“举烛”两个字写到信里去了。

燕相收到信以后，看到信中“举烛”二字，琢磨了半天，自作聪明地说，这“举烛”二字太好了。举烛，就是倡行光明清正的政策；要倡行光明，就要举荐人才担当重任。燕相把这封信和自己的理解告诉了燕王，燕王也很高兴，并按燕相对“举烛”的理解，选拔贤能之才，治理国家。燕国治理得还真不错。

郢人误书，燕相误解。国家是治理好了，但根本不是郢人写信的意思。这真是一个穿凿附会的典型例子。根据这个故事，后人引申出“郢书燕说”这句成语，比喻穿凿附会，曲解原意。(百度汉语)

比起“扑朔迷离”,“郢书燕说”虽然不能说是颠倒是非，但至少对那位燕相是过分批判了。错误来自“郢书”。给定这错误，燕相的解释可以说是再好不过了，也起了很好的作用，根本不是“穿凿附会，曲解原意”。把这个错误归属于燕相或燕说，可以说是不应该的。但是，与“扑朔迷离”一样，这个理解，已经根深蒂固，来不及更改了。

差强人意

根据这成语的出处，这成语应该是“颇能振奋人心”的意思，至少是略有褒义的。然而，近代的用法，多数成为“勉强令人满意”，略有贬义。刘靖文《中国人最易用错的成语》还试图纠正这个错误用法。然而，看来这个略有贬义的用法，已经被广泛使用，很难纠正了。一个方法是避免使用这个用法不明的成语，以免被误解。关于类似成语的误用，尤其是褒贬错位、望文生义等，请详细阅读刘靖文《中国人最易用错的成语》与周奇《常见语言文字错误防范手册》的解释，尤其包括退避三舍、望其项背、文不加点、翻云覆雨、屡试不爽、罄竹难书、趋之若鹜等。不过，成语的用法，多会随时代不同而有所改变，只要不会引起误解，不必过分限制。例如，《中国人最易用错的成语》(2009，第 107 页）认为“国色天香”只能够用来形容牡丹花的色香之美，或女子的雍容华贵之美，不能用来形容其他花朵等，可能是要求过分了。

《中国人最易用错的成语》(2009，第 114 页）作者刘靖文自己也认为，“语言并不是一成不变的。词汇意义扩大或者转移，在语言应用中是经常发生的。……比如‘钩心斗角’。最初也是用于建筑的……。‘钩心’指的是建筑技术中的一种向心结构。‘斗角’指的是屋角的一种对峙处理。今天……是用来比喻明争暗斗……”。这个转变是巨大的，大家都接受了。用原来形容牡丹花的“国色天香”来形容其他花朵甚至其他美好事物，未必不能接受吧？同样的，原来用来形容藏书多的“汗牛充栋”与“浩如烟海”，未必就不可以用来形容其他（例如商品；刘靖文，《中国人最易用错的成语》第108—109页认为不可以）东西的众多吧？

成语误书

有很多成语与习惯语很容易被误写，往往是用了另外一个同音异义的字。例如，周奇《常见语言文字错误防范手册》（2011）列出许多经常被误写的成语和习惯语，包括下述（括号内为正，括号前为误）。

一愁（筹）莫展	一股（鼓）作气
一如继（既）往	一诺千斤（金）
人情事（世）故	大名顶顶（鼎鼎）
不加（假）思索	不茅（毛）之地
水乳交溶（融）	以（倚）老卖老
分道扬镖（镳）	甘败（拜）下风
世外桃园（源）	央央（泱泱）大国
仗义直（执）言	走头（投）无路
关怀倍（备）至	再接再励（厉）

金壁（碧）辉煌　　蹦蹦（姗姗）来迟

流光异（溢）彩　　真知卓（灼）见

暗（黯）然失色　　渊（源）远流长

详细解释见这本很值得细读的好书。即使自认为中文水平相当好的读者（包括笔者）读了此书，才知道天外有天，自己原来不甚了了。

7.2 古诗今改

明代文学家杨慎所作《临江仙·滚滚长江东逝水》这词好得不得了，但有一个重大错误。

滚滚长江东逝水，
浪花淘尽英雄。
是非成败转头空。
青山依旧在，
几度夕阳红。

白发渔樵江渚上，
惯看秋月春风。

一壶浊酒喜相逢。
古今多少事，
都付笑谈中。

真的好得不得了！错在哪里呢？

“是非成败转头空”这句显然而且肯定是错的。如果是非成败转头就成空，那就没有真理了！不但错，而且是非常大的错误！笔者要把它改为“虚名富贵转头空”。

滚滚长江东逝水，
浪花淘尽英雄。
虚名富贵转头空。
青山依旧在，
几度夕阳红。

白发渔樵江渚上，
惯看秋月春风。
一壶浊酒喜相逢。
古今多少事，
都付笑谈中。

完美了！

白居易《长恨歌》，其中有 2 句，笔者认为值得研究。

行宫见月伤心色，
夜雨闻铃肠断声。

“伤心色”应该改为“心伤色”，才能够与下句的“肠断声”相对。应该是古代在誊录时的笔误。

春有百花秋有月，
夏有凉风冬有雪。
若无闲事挂心头，
便是人间好时节。

——［宋］慧开禅师《无门关》

“闲事”应该改为“烦事”，也不影响平仄。

一枝红艳露凝香，
云雨巫山枉断肠。
借问汉宫谁得似，

可怜飞燕倚新妆。

——［唐］李白《清平调·其二》

这是写杨贵妃的美丽的，楚襄王做梦与神女在巫山云雨，醒来为神女不在，人间找不到像神女这么美丽的女人而断肠。李白在诗中说，楚襄王白白伤心了，因为实际上人间有比那神女更美丽的杨贵妃。“飞燕”指汉朝美女赵飞燕。笔者认为“倚新妆”应该改为“未梳妆”。因为像赵飞燕这么美丽的女子，才洗完澡，还没有梳妆时是最美丽的。人工梳妆的美，怎么能够与天然美比较呢？人怎么能够胜过上帝呢？女人用在化妆上的金钱与时间，大概有90%是浪费的，有70%是弄巧反拙的。有些情形，化妆可能有遮丑的作用，却很难有增加天然美的作用。

有一次，笔者在麦当劳用餐，有几个十二三岁的女孩与我同桌。我看她们这么年轻漂亮却在脸上上了妆，就对她们说：“你们很漂亮，何必上妆呢？”有一位说：“我们要更加漂亮。”我说：“你们如果不上妆，会更加漂亮。”另外一位说：“你说的与我们的父亲说的一模一样！”

笔者读中学时，搞左派学生活动搞得很厉害。高中时，来了一位新校长汪少伦博士。他的女儿也在我们班上上课。我们搞活动，除了秘密的会议等，还有搞公开的，包括在学校搞一些文娱活动，一方面搞我们认为健康的文娱活动，加上一些左派的内容，一方面用以联系一些同学。我们办了一个戏剧研究会，校长女儿（汪蓓蒂）主动来参加我们的筹备会议。我认为这是天赐良机，我们可以让她当戏剧研究会的会长或主席，这样我们就可以“挟天子以令天下（或诸侯）”，校长会让我们大搞特搞。可是这位校长女儿，妆化得特别浓。当我建议让校长女儿当主席时，我同级的左派活动同学马庆成说：“不要啦！看了都会呕！”我虽然认为错过这天赐良机很可惜，但也不能反驳说“不会呕”。结果，可怜那位校长女儿，连筹备委员都没有选上。其实，她人长得不错，如果不拼命化浓妆，我们应该会接受她。回想起来，我认为马庆成等同学对浓妆的抗拒是过分了，“挟天子以令天下”比较重要。

清明时节雨纷纷，
路上行人欲断魂。

借问酒家何处有？

牧童遥指杏花村。

——［唐］杜牧《清明》

这七绝，有人说，既然题为“清明”，第一句的“清明”显然多余；“行人”当然是在路上，所以第二句的“行人”也是多余，认为这七绝应该改为五绝。

时节雨纷纷，
行人欲断魂。
酒家何处有？
遥指杏花村。

进而改为四言诗：

节雨纷纷，
行人断魂。
酒家何处？
遥指杏村。

再改为三言：

雨纷纷，
欲断魂。
酒何处？
杏花村。

最后读到的是二言：

雨纷，
断魂。
酒处？
杏村。

作为经济学者，笔者再把它砍掉50%，成为一言诗：

雨，魂！
酒？村。

香港新机场启用时，因为赶建，有不少问题，笔者有一言诗叙述：

乱，惨！

故？赶。

屈子当年赋楚骚，
手中握有杀人刀。
艾萧太盛椒兰少，
一跃冲向万里涛。

——毛泽东《七绝·屈原》

笔者认为“杀人刀”可以改为“除妖刀”，“除妖”比“杀人”好。既然是褒屈原的，应该用“除妖”。

“为赋新词强说愁”是南宋词人辛弃疾《丑奴儿·书博山道中壁》中的名句。诗，尤其是词，很多是讲忧愁怨恨的。可能因为人们多数对他人的痛苦有同情心，对他人的欢乐有嫉妒心，讲忧愁怨恨的诗词比较容易引起人们的共鸣。例如，唐末五代词人薛昭蕴的《浣溪沙》。

倾国倾城恨有余，几多红泪泣姑苏，倚风凝睇雪肌肤。

吴主山河空落日，越王宫殿半平芜，藕花菱蔓满重湖。

这是讲西施的，用的是“恨”“泪”“泣”与对古代的山河宫殿现在已经荒芜，长满蔆蔓（wàn）的悲叹。其实，在中国古代四大美女中，西施应该是命运最好的。貂蝉在吕布被曹操所灭后，下落不明。也有人认为貂蝉只是小说中的人物，真正的历史并没有其人。王昭君出嫁匈奴，欲归不得，据说最后还自杀而亡。杨贵妃(玉环）更是在37岁时就“六军不发无奈何，宛转蛾眉马前死”(白居易《长恨歌》)。而西施虽然充当美人计的主角，但为国贡献，而且贵为吴王后，后来也跟随自己喜欢的范蠡，成为巨富陶朱公（即范蠡）之妻。而且范蠡聚财有方，散财有道，得到人们的爱戴，应该对美女妻子也不错。然而，薛昭蕴在写西施时，还是说得恨泪交加，悲情洋溢。真的是，为赋新词强说愁。

7.3 对联

对联是中国文学特有的一种形式，内容丰富精美，应该继承与发扬。

“射虎”不能对“飞龙”的原因

传统的说法是：“射虎是人射虎，而飞龙是龙自己在飞”，因此不能对。笔者同意不能对，但认为“射虎”不能对“飞龙”是因为射是动词，而“飞龙”中的“飞”，是从动词转换而来的形容词，形容那龙是在飞的龙，因而不能对没有转换成形容词的“射”。“射虎豪杰”能对“飞龙将军”，是因为都转换成形容词了。再如“龙飞长空，人射田野”也能对，因为在这边，“飞”与“射”都是动词。

8. 经济学方面的谬误

8.1 拥堵是因为人口太多

一个很常见的谬误是，当人们遇到拥堵时，通常会想，如果这路上的车辆数目减少一半，或者这车厢内的乘客数目减少一半，那该多好！因而，很多人认为，人多是造成拥堵问题的主要原因。但是否应该也想想，给定人均投资，如果人口与车辆的数目只有一半，道路的宽度大约也只有一半，拥堵很可能会更加厉害。如果人口与乘客只有一半，就不能够有这么多地铁的线路，不能够有这么多班次的公共汽车，乘客的方便程度很可能会下降！

50 多年前，当新加坡的人口不到现在的 1/3 时，笔者在南洋大学（校址与现在的南洋理工大学一样）读书。当时，离开校园的公共汽车只有一种。如果错过一辆，必须再等半小时。现在笔者也住在这校园内，有179路与199路两种公共汽车。有时要乘179路公共汽车，将要走到车站时看到接连错过两辆179路，以为非等个二三十分钟不可，但不到两分钟，第三辆179路就来了。这是人多的好处呀！新加坡现在人口560多万，交通比50年前便利很多。

虽然在大城市需要付更高的房租，但给定同样的工作与薪金，绝大多数人会选择大城市，而不是乡村，甚至不是中小城市。可见人多的好处往往大过人多的坏处。上海、东京、新加坡、伦敦等大城市，交通比乡村与中小城市方便许多。

根据2016年2月23日的报道，新西兰的托科罗阿（Tokoroa）这个人口两万的小城市，有一位肯尼医生（Dr. Alan Kenny）忙不过来，要请一位助理医生，给平均医生两倍的薪金（新西兰元年薪40万，约人民币180万），每周只需要工作4天，每年12周假期，却在用了两年时间与联系4家医科职业公司后，连一位申请者也没有。另外，根据日本总务部于2016年2月26日发布的数据显示，日本总人口比上一次（2010）调查时减少了 94.7 万人，但东京圈人口却达到 3613 万人，在 5 年里增加了 51 万人。如果人多不好，为何人多的大城市（包括中国的一线城市）人越来越多；人少的乡村与小城市，却很少人要去居住？（类似谬误，见黄有光《从诺奖得主到凡夫俗子的经济学谬误》。）

很多人认为，人口增加（不论是通过生育还是移民）使人均资源减少，因而减少人均收入，对本地人民不利。这是错误的，因为大体上外来移民并不能够无偿地占有属于本地人民或政府的资源。劳工的移入，可能会使同类劳工的工资下降，而对本地的这类劳工不利。然而，这使其他的生产要素（包括土地、资本与他类职工）有更多的劳工来配合，生产力会提高，收入会增加。可以论证，即使没有规模报酬递增（下详），其他要素的收入增加的量，大于本地劳工工资减少的量，而使本地人的总收入增加。

假定在移民进入之前，劳工的边际产值与工资（在没有扭曲的市场经济，边际产值等于要素的报酬）等于（每期）1000 元，10 万个劳工移民的进入会使这个数字减少到 800 元。这 10 万个劳工每人赚取 800 元的收入，但他们对经济的平均贡献是从800元到1000元，约等于900元。这10万人对经济的总贡献约等于9000万元，但他们只获得8000万元的报酬，因而他们对经济的净贡献（不考虑税收与补助等复杂性因素）是1000万元。

因此，如果本地劳工的收入随着劳工移民的进入而减少，则其他生产要素的收入的增加，会比本地劳工收入减少的量多出1000万元。(详见黄有光《从诺奖得主到凡夫俗子的经济学谬误》。)

贫穷劳工收入减少，富人收入即使增加更多，对整个社会也未必更好。然而，与其采取违背效率的政策，不如多在总收入方面帮助穷人。在具体政策上以效率挂帅，能够以比较小的成本，达到同样的平等程度。(详见笔者在《美国经济评论》的论述 *Quasi-Pareto Social Improvements*;《从诺奖得主到凡夫俗子的经济学谬误》，第4.7节与附录F。这里强调一点，平等应该是为了增加福祉，如果为了平等而平等，人人下地狱是最平等的，也是最糟糕的。战争也能增加平等，却也是很糟糕的；详见参考文献71。)

如果是基于避免本地劳工的工资下降，而减少或禁止外来劳工的移入，则会减少这些比本地劳工更穷的工人的工作机会或工资，从整个区域或全球的观点来看，是增加不平等，而不是减少不平等。

如果是人口自然增加，决定多生一个孩子的父母，明知多一个孩子，家庭的人均收入会大减，但在没有重大无知与无理性的情形下，应该认为是件好事。邻居亲朋生孩子，我们会向他们祝贺，而不是向他们致哀。可见不能以人均收入下降来反对人口增加。如果是移民进入，可能（但未必）会使包括新移民在内的人均收入减少，不过也会使原有本地人的人均收入增加，同样不能以人均收入下降来反对人口增加。

另外，即使给定土地资源，人口增加未必会使人均收入减少。第一，人多，增加分工合作与专业化的程度。显然地，鲁滨孙发现星期五以前，一个人在荒岛上，不能进行分工合作，生产力很低。当然，如果给定土地面积，人口太多，连站立的地方也不够，也不行。然而，即使在人口密度很高的大城市，例如东京、伦敦、上海、新加坡等，在很大程度上，人口的增加还在大量提高分工与专业化的水平，使人均产量与人均收入增加。试想，是人口密度很低的乡村，还是人口密度很高的大城市的人均收入比较高？

第二，人多，想法、创新也比较多，科技进步比较快。这是一经发现，大家都可以应用的。因此，人均收入会增加。

第三，即使给定科技与知识水平，也有很多公共物品是一经提供，就可以为大家使用的，例如国防。尤其是弹丸红点的新加坡，人口增加能够大幅提高国防力量。从另外一个角度看，给定我们的国防水平（不论是用哪一种合理衡量方法），人多能够减少国防支出的人均成本。

对于一个国家而言，人口增加是增强国力的重要方法。春秋战国时期，越国要报被吴国攻破的仇，必须"十年生聚，十年教训"，就是这个道理。

孟子说："以力假（替代之意）仁者霸，霸必有大国。"这是对的。但他也说："以德行仁者王，王不待大。"这只是儒家的理想。事实上，古今中外好像没有出现过孟子意义上的"王"。因此，孔子周游列国，没有任何国君任用他。国与国的关系，以利益与力量为主，道义多数是表面功夫。

人与人之间（比起国与国之间）则要好一些，因为人有天生的仁义礼智。这也是孟子说的，但孟子没有说其所以然。(不能怪他，进化论是1859年的事。) 这些天生的倾向能够有助于人际合作，增加生存概率。人天生也有一些排外与恐外的心理，这有助于部落的团结与抗外。这种心理，加上人们认为人口增加对原有人民不利的错误，使很多人很反对移民。

如果孩子的出生，是由愿意生孩子的父母负责其生育与教养的费用；如果移民移入后的生活，是靠移民本身的工作，而不是靠政府的补贴，移民也没有在社会上为非作歹，则对原有人们没有不利，没有禁止人口增加的理由。

8.2 对市场交易的偏见

人体器官与服务的买卖是否应该合法化？雇用他人排队是否应该？近年来学者热烈讨论这类问题。合法化的利弊不能只看经济作用，还要看对道德的影响与人们接受的程度等。其中一个因素是人们对市场、金钱交易、财富等方面的偏见。这有进化生物学的因素，也有文化的因素，因此东西方都有这些偏见，而表现形式又有些不同。

进化生物学的原因主要有如下情况。人是靠合群互助生存的，因此天生有仁（孟子的“恻隐之心”）义（“羞恶之心”）等禀赋，帮助人们相互信任与合作。这方面的进化至少有几十万年的历史。相反地，市场交易，尤其是使用金钱的交易是比较近代的事，比较发达是在近几百年。这比较短的历史，还不能通过变异与自然选择而形成与之相适应的禀赋。因此，我们天生的倾向是爱好“平等”“同情”“助人”“利他”等素质，而不是市场交易所重视的等价交换，以及市场所带来的不可完全避免的不平等。

另外，为了减少死亡的危险，我们也有天生的对某些事物的自然厌恶。不必教育，人们看到像蛇、壁虎等，天生都会感到厌恶甚至害怕。这种厌恶让我们对蛇蝎避而远之，减少被毒死的概率。这种厌恶感是天生的禀赋，没有什么理性可言。例如笔者的妻子，虽然肯定壁虎不会咬人，但一看到壁虎，就吓得要死。这种天生的厌恶禀赋，大概又与后天的各种复杂文化因素结合，使人们对像人体器官的买卖也产生厌恶感，因而反对人体器官买卖交易。

几乎所有人（包括笔者）都对市场或金钱交易有些偏见，这是显而易见的。所谓“臭钱”“铜臭”“五斗米”等都有所表现。几年前在顶级期刊 *Science* 发表的一篇论文，也很能够说明人们对市场的偏见。福尔克和斯崔西（Falk & Szech）（参考文献 28）根据一些简单实验，得出“市场侵蚀道德”的结论。有如下述，这几乎可以肯定是对市场的偏见的表现。

在第一个实验中，单独一个人决定是要获得 10 欧元，而让一只（实验用剩的）老鼠死亡，还是放弃这 10 欧元，避免老鼠死亡。在第二个实验中，两个人协商分 20 欧元，而让一只老鼠死亡，还是放弃这 20 欧元，避免老鼠死亡。在第三个实验中，则有更多人。结果是，在第一个实验中，很少有人选择金钱。在后面的两个实验中，更多的人选择金钱。福尔克和斯崔西认为这第二个与第三个实验，因为牵涉协商谈判如何分钱，比较接近市场的情形，因而得出“市场侵蚀道德”的结论。(放弃金钱而救老鼠的命被认为是有道德的表现。)

显然的，上述结论是完全不可以接受的。在第一个实验中，决策者只有一个人，他对其决策的后果负完全责任。在第二个实验中，每个人只是两个决策者之一，只负部分责任，而平均各获得同样10欧元的金钱。这责任减轻的作用，当然可能使比较多的人接受金钱。因此，这结果完全不能够论证“市场侵蚀道德”。

另外，在第二个与第三个实验中，人们很可能会想，即使我自己愿意放弃10欧元来救老鼠，但有其他人可以让老鼠死而获利，我不可以只看我的偏好。这考虑也多数会加强上述责任减轻的作用，而使更多人接受金钱。

上述大有问题的文章，为何能够逃过顶级期刊的审稿人与主编的审查而发表呢？笔者怀疑是绝大多数人对市场的偏见在作怪。

重精神而轻物质，重感情而轻财富，东西方都认为是比较高雅的。这看法肯定有其正确的一面，尤其是在大多数人过度重视物质财富的商业社会。笔者在 *From*

Preference to Happiness: *Towards a More Complete Welfare Economics*（2003）与《快乐之道》（2013）中也评判了过度的物质主义，包括人们过高评价物质消费的重要性，而造成这结果的原因包括生存、商业广告与相互攀比等。因此，在温饱与小康之后，增加快乐的一个重要方法就是降低对金钱的重视。不过，有如下述，对金钱的偏见也使人们与社会不接受一些可以提高社会福祉的市场交易。（详见参考文献 63。）

笔者认为我们应该降低对金钱、GDP 的重视，但社会应该增加对市场的应用，让更多交易合法化。这两个似乎相反的看法并不冲突，金钱以及 GDP 的重要性被高估，但扩大市场范围的净作用还是正的，至少是当人们认识到本节所论述的道理时。

市场的更加广泛应用通常是社会进步的标志与结果

市场交易使人们能够分工与专业化，加上科技的进步（和分工与专业化也有关系），使人类在这两三百年来的人均实质收入提高了至少几十倍，甚至超过百倍。从柏拉图到亚当·斯密，有智慧的学者认为分工是文明与财富不可或缺的条件，而市场交易是高度分工不可或缺的条件。我们现在用 10 秒钟的工作时间能够买到的光，大于原始人用 60 小时所能够获得的（详见参考文献 64），是超过 2 万倍的实质增长！

不过，在财富巨幅增长的同时，财富分配不平均也有很大的增加。另外，也有很多（但比例上应该是少数）不良商人与官员，用假货、贪污、行贿、欺骗等不道德甚至非法手段赚钱，使很多人错误地认为这些坏结果的罪魁祸首是市场。一般来说，人们把市场的贡献当成理所当然的，而没有重视；把市场经济带来的一些问题当成重要问题来报道，并把责任归咎于市场，而实际上应该只是市场内的部分不良参与者。

随着经济的发展，人均收入增加，分工程度更高，市场的应用也自然增加。例如，开始的交换，多数限于食物或农产品，后来才有工业品，更后来才有比较多的劳务。在专业医生、教师、护士等职业出现之前，人们在治病救人、传授知识等方面，或是在一个家庭内无偿地进行，或是在人与人之间也是以无偿的方式，作为助人、救急等利他或互助的方式进行。当有人开始以收费方式提供这些服务时，很容易会被认为不道德，违反人际互助的原则。如果我们坚持用法律与道德来限制这些服务的市场化，则人类在医药、保健、教育等方面，肯定不能够达到现在的高度与质量。

关于从苏格拉底甚至更早人们对行医收费的抗拒，见席德尔迈尔和麦卡蒂（Schiedermayer & McCarty）的 *Altruism, Professional Decorum, and Greed: Perspectives on Physician Compensation*。（详见参考文献72。）苏格拉底是解释收费的必要，但他之所以需要解释，反映出人们对收费的抗拒。亚里士多德也还认为“所有有偿职业都……使人们心灵堕落（degrade the mind）”（见参考文献72，第243页）。罗马法律禁止行医收费（fees），但可以接受荣誉酬金（honoraria）。席德尔迈尔和麦卡蒂也认为“想要发财的人应该找另外的职业，不应该成为医生”（参考文献72，第249页）。

即使到了两百多年前的时代，根据亚当·斯密的论述，当时人们认为，虽然歌唱的才能是被人羡慕的，但为了赚钱而在大庭广众唱歌跳舞是可耻的（discredit）公开卖淫（publick prostitution），并用这个原因来解释为何歌唱家的报酬这么高。（Smith，*An Inquiry into the Nature and Cause of the Wealth of Nations*，1776/1904，第210页。）类似地，在19世纪的美国，人寿保险被认为是不可接受的对上帝的赌博。人们责问，“你要对你的生命订出一个价格，并对之下一个关于你死亡日期的赌注？”（详见参考文献76。）当时人们也认为人寿保险会破坏人际关系与道德。然而，现在大家都接受人寿保险，并认为是对家人负责的行为。关于其他以前人们对许多服务收费的反对，包括劳工、教书、利息、体育、律师费、计时停车费等，以及对现代反对商品化论（anti-commodification）的反驳，见努斯鲍姆（Nussbaum）、弗里德曼（Friedman），以及布伦南和贾沃斯基（Brennan & Jaworski）的精彩论述。（详见参考文献16、33、65。）

随着技术进步，分工增加，收入、教育与法治水平提高，分配恶化的避免，对经济学原理的更多认识等，在很大范围内，市场的更加广泛应用，如果有适当配套措施，可以使大家都得利并被人们所接受。

人体器官买卖

包括社群主义者（communitarians）在内对市场扩张或“商品化”（commodification）的反对，很大部分原因是基于其肤浅的平等观。他们认为自由买卖有利富人，使富人能够剥削穷人。但恰恰相反，市场竞争一般会促进平等。不平等本身可能是一个问题，但不能以此作为反对市场扩张的理由。经济学第一福祉定理证明，如果没有垄断、外部作用（空气污染等）、无知等，市场经济的自动调节可以达到效率最优。［见黄有光专著《福祉经济学》（2005）以及 *Welfare Economics*（2015），后者被收入 James D. Wright 主编的 *International Encyclopedia of the Social & Behavioral Sciences*。］因而，在上述假设之下的交易、合作以及社会分工等，会让所有人从中获利。如果人们能够帮助穷人，使他们不必出售器官，这非常好。但如果社会没有给他们足够帮助，使他们还是认为（在有足够认识与资讯下）需要出售器官，很难有理由禁止。

有一个反对器官买卖的论点：“面对疾病与健康、生命与死亡，人们并不总是很理性。我先举个极端的例子，假定甲从乙那里买来的肾脏只增加了甲半个月的生命，结果是什么呢？(1) 甲延长了半个月生命；(2) 乙的健康受损；(3) 一大笔钱从甲转移到乙；(4) 器官移入和移出的两次大手术。尽管自愿的交易让甲乙双方皆大欢喜，医院也从中赚取了利润，但从决策者的视角，也就是从政府的视角看，社会财富并没有真正增加，反而可能大大减少了。首先，一个原本可以再用几十年的肾脏只用了半个月就报废了；其次，器官转移和现金转移都会产生交易成本，两次手术的医疗费数目是相当可观的。当然，甲和乙的满足度都有所增加，经济学家会把两个人的满足度增加看作增进了社会福利，但决策者就未必这么看。”(桑本谦，见黄有光与桑本谦《人体器官可否合法买卖?》，详见参考文献 5。)

笔者的反驳是：根据你的议论，我们也可以说，让一个自己与家庭成员都还吃不太饱的农夫，出售其粮食给一个有钱人，后者很可能会暴弃天珍，多么可惜！然而，这农夫如果不能出售粮食，可能没有衣服，会冻死，或没有药品，会病死。不过，我同意你所说的，在面对疾病和健康、生命和死亡时，人们并不总是很理性。我反对你所说的“社会财富并没有真正增加，反而可能大大减少了”，这是完全违反基本经济学原理的狭隘看法。根据这看法，所有的互惠互利的交易都没有增加社会财富！

8.3 天才学生挑战诺奖得主

天才中学生，甚至学习成绩中等以上的中学生，就有可能挑战诺奖得主。至少，下面经济学诺奖得主的一个经济学谬误，是没有读过经济学的中学生，只要有常理，就可以发现的。(本章部分取材自黄有光《从诺奖得主到凡夫俗子的经济学谬误》。)

托宾的本科一年级水平的经济学错误

虽然说是大学本科一年级水平，其实中学生，用常理就可以发现并修正这位诺奖得主的错误。

经济学诺奖得主托宾（James Tobin）说：“When the scarce commodity is in fixed supply, then arrangements for distributing it equally, or on any other non-market criterion, can be made without worrying about efficiency." (*On Limiting the Domain of Inequality*, Tobin, 1970, P. 266.) 中译:"当某个稀缺商品的供应是固定时，就可以用平均分配或任何其他非市场的分配法则，而不必担心效率的问题。"

这个在著名期刊 *Journal of Law & Economics* 发表了将近半个世纪的论点，是本科生一年级水平的经济学错误！然而至今，以笔者所知，还没有任何其他人指出。

让稀缺商品的价格提高，能够激发其供应的增加。但是，即使是供应固定，让稀缺商品的价格提高，也会鼓励人们少消费，使稀缺商品能够让偏好较高，愿意付较高价格的人们消费。请不要分配给我与麦当娜（Madonna）同样数量的米与口红！我要吃较多的米饭，麦当娜要用更多的口红，而我一点也不需要。不根据人们的偏好或付款意愿，用平均分配或任何其他非市场的分配法则，几乎肯定会造成无效率，甚至浪费。

可能有读者认为根据付款意愿分配，会使富人得利，穷人损失。实际上，给定实际财富分配，用市场价格来进行分配，能使所有人都得利。根据笔者“一元就是一元”的原则，在具体措施上，应该以效率挂帅，而在总体分配政策上帮助穷人。(详见黄有光《从诺奖得主到凡夫俗子的经济学谬误》第 4.7 节。)

德布鲁（Debreu）在其 *Theory of Value* 一书中的几十个“错误”

原则上，会英文的小学生就能够读德布鲁的诺奖得奖作品 *Theory of Value* 一书，因为这本 100 页的小书，不假定读者有任何经济学知识，而所需要的数学知识，在该书第一章中就完全提供了。不过，事实上，多数经济学老师读不懂这本书。

澳大利亚搞全局均衡的著名经济学家弗兰克·米尔恩（Frank Milne）说过，“要学会全局均衡分析，唯一的方法是把德布鲁的这本书从头到尾精读三遍；没有其他的方法”。

笔者不敢说是全局均衡的专家，因为我只曾经把这本书从头到尾读了一遍，只是三分之一个专家。然而，笔者读了一遍，就发现这本书内，有几十个“错误”。

对，有几十个“错误”！德布鲁在书中有几十个地方说：“可以容易地证明……”，或“可以证明……”。这几十个地方，都是“错”的！前者的“容易地”应该去掉；后者应该加上“证明的难度很大”。

（笔者注：本节所谓德布鲁的“错误”，是一个玩笑，不是真正的谬误。其所谓“错误”，只是把不容易证明的东西，说为“可以容易地证明……”。哈哈！）

所有税收都造成扭曲？

经济学诺奖得主斯蒂格利茨（参考文献 74，341 页）说：“从现在看已经是显然的一个最重要洞见是认识到，所有税收都会造成扭曲，但把扭曲的数目极小化，并不能使总的超额（或无谓）损失极小化。”这句话的主要部分或第二部分是正确的，问题出在“所有税收都会造成扭曲”这部分。

税收为何会造成扭曲，无谓损失或超额负担呢？若不是为了纠正某些原有的扭曲（例如环境破坏），而是为了增加财源，根据经济学者的平均估计，政府征收 100 亿元的税，对整个经济（包括消费者与生产者）所造成的总损失约为 130 亿元，超额负担率为 30%。这种无谓损失（有人损失，无人得利）来源于对人们选择的扭曲。

一般来说，把一个非纠正性的税率加倍，其无谓损失不止加倍，而是增加成为 4 倍。如果不计算行政成本，与其向少数物品征收高税率，不如向多数物品征收低税率。

然而，并非所有税收都会造成扭曲。第一，对造成全球变暖与其他空气污染的排放征税，不但没有扭曲，反而有纠正污染的作用。这种纠正性税收的超额负担是负的。100 亿元的税，可能只有六七十，甚至三四十亿元的总负担。

第二，绝大多数的物品的生产过程都有相当程度的外部成本（对他人造成损失而生产者不必承担费用，例如空气污染等），而且其消费上又往往有炫耀性消费或人际间的相互攀比的效应。这些外部成本很少在税收制度中得到足够的考虑。因此，一般的收入与消费税，与其说有扭曲的作用，不如说有纠正的作用！

第三，有一种税收，不但没有超额负担，也没有任何负担。100 亿元的税收，总负担不是 130 亿元，不是 100 亿元，而是 0 元。（详见参考文献 59。）这是对纯钻石性物品的税收。给定质量，一般物品是其消费量影响消费者的效用，纯钻石性物品是其总价值（价格乘以消费量）影响效用。对这种物品征收100%的税，价格加倍（供给价格不变的情形）但消费者没有损失，因为只要消费量减半，总支出不变，总价值不变，效用不变。例如黄金的价格倍增，你只要买含金量一半的戒指，支出不变，价值不变，效用不变。

不错，多数物品并非纯钻石性物品，但有很多物品是混合钻石性物品，其消费量与总价值都影响效用。这包括许多奢侈品、豪宅、豪华汽车、名贵烟酒、高价宴席等。在某些特殊情形下，对某些混合钻石性物品征税，不但没有超额负担，没有负担，还对消费者有利。100亿元的税，总负担是负的！

某位男子（姑隐其名）请女孩子吃饭喝酒，但他是醉翁之意不在酒。他相信（是否正确，是另外一回事），花越多钱，成功机会越大。但他也知道这女孩子不喜欢浪费，因此，如果税收使酒菜的价格增加，他反而得利，不必喝到伤身的程度，就能成功！同样的，更加高的金价，使那些持金逃难的人们，不必带太重的黄金。（详见黄有光《从诺奖得主到凡夫俗子的经济学谬误》

附录 C。)

混合钻石性物品还可能造成一个传统需求理论中不可能出现的现象：不是劣等品，不涉及预期的动态因素，也不考虑钻石性程度随价格之增加而增加的作用，对一个混合钻石性物品的补偿需求线可能是向上倾斜的，价格越高，需求量越大！(详见黄有光《从诺奖得主到凡夫俗子的经济学谬误》，第 4.5 节与附录 C。)

萨缪尔森（Paul Samuelson）对序数主义的坚持

许多实证性的经济学分析，例如推导出消费者的需求函数，只需要假定消费者能够比较不同物品组合在其偏好上的高低，不需要知道偏好差异的大小。如果用效用函数代表偏好，则只需要序数（ordinal）效用的信息，不需要知道基数（或称计数，cardinal）效用的信息。只需要知道物品组合 A 高于 B，B 高于 C；不需要知道 A 比 B 高多少，也不需要知道 A 高于 B 的程度，是大于或小于 B 高于 C 的程度。只需要知道一个消费者对不同物品组合的无差异曲线图，就可以推导出其对任何一个物品的需求函数或曲线。例如，对于任何三条无差异曲线 I、II、III，不论它们代表的效用是 2，4，6，还是20，21，499，所推导出的需求曲线都是一样的，只要比较高的效用代表比较高的偏好，高多少并不影响需求函数。对这类问题，序数主义者与基数主义者没有不同的看法，大家的意见是一致的。

从经济思想史上看，经济学者开始是用基数效用的方法来分析上述问题，无差异曲线分析出现后，知道不需要基数效用，只要序数效用。由于序数效用所含信息比基数效用小，奥卡姆剃刀原则（Occam's Razor）（不必要的假设应该去掉）要求抽象掉基数效用，只保留序数效用。这是一个方法论上的进步。

如果某种措施、政策或情况，会使某些人得利，另外某些人遭受损失，社会应该进行怎样的选择呢？对这类问题，基数主义者认为，不但要知道几个人损失，几个人得利，还要知道损失多少，或效用（或快乐）减少多少，增加多少，并进行人际比较，才能够得出合理的社会决策。然而，许多经济学者由于习惯了上两段所述的问题，并且在教学上对学生强调效用的纯序数性，认为效用就只能够是序数的，反对基数效用的可能性与必要性。在应该抽象掉基数效用的地方（如需求函数的推导）把它抽象掉，是奥卡姆剃刀原则的正确应用。在不应该抽象掉基数效用的地方（如社会选择）把它抽象掉，是错置抽象的谬误（Fallacy of misplaced abstraction）。

其实，序数主义的不足，是显而易见的。简单起见，考虑只有甲与乙两个人的社会，只有三个选项 x、y、z。甲对这三个选项的排序（从高到低）是 x、y、z，乙对这三个选项的排序（从高到低）是 y、x、z。单单看排序，并不是完全没有用。例如本段所述的情形，根据排序就可以排除掉 z，因为每个人都认为 z 是最差的选项。不过，一般而言，单单看排序是不够的，例如本段所述的情形，不能够比较 x 与 y。可能有人说可以比较，例如偏重甲的偏好，就可以选 x；偏重乙，就可以选 y。然而，如果我们合理地排除无限大或极端的偏重，只看排序依然是不足够的。

具体起见，让甲与乙是两个孩子，决策者是妈妈，但决策只影响这两个孩子的偏好，不影响妈妈或任何其他人。（简单起见，不考虑偏好与快乐的可能差异，不考虑短期与长期的差异等。）即使这妈妈加倍偏爱甲，是否就应该选 x 呢？未必。如果有基数偏好的信息，知道乙偏好 y 甚于 x 的程度，是甲偏好 x 甚于 y 的程度的 10

倍，则这妈妈依然会或应该选择 y。只根据排序就做出决定，而不管偏好的强度对孩子的影响，这样的妈妈不会是很好的妈妈。同样的，只根据人们的偏好排序的决策，不会是很好的社会选择。

如果对不同人的偏好没有偏爱或偏重，人人平等或一视同仁，则如上述甲偏好 x 而乙偏好 y 的情形，如果只看排序，并不能得出社会应该选甲或乙的结论。如果坚持要有社会对选项的排序，就只能够是对 x 与 y 没有差异。然而，一般而言，这很可能是不合理的。例如下述情形：

x：甲获得两个苹果；乙被抛进饿狼洞里。

y：甲获得一个苹果；乙也获得一个苹果。

z：甲被抛进饿狼洞里；乙被蚊子咬一口后，又被抛进饿狼洞里。

简单起见，假定各人的偏好，只根据各人自己的情况。甲对这三个选项的排序（从高到低）是 x、y、z，乙对这三个选项的排序是 y、x、z。如上所述，如果只根据排序，只能排除 z。如果又人人平等，得出社会对 x 与 y 没有差异，则在绝大多数情形下显然是不合理的，因为乙偏好 y 甚于 x 的程度，是甲偏好 x 甚于 y 的程度的千倍万倍。社会应该强烈偏好 y。

读到这里，有些读者可能会认为，虽然不能够单单根据人们对社会选项的排序，但也不必根据人们的基数效用或偏好的强度。例如上述情形，不必看偏好强度，甚至不必看偏好，只看 x 涉及有人被抛进饿狼洞里，就可以断定 y 比 x 好。这个看法的表面合理性，实际上就是因为，在绝大多数情形下，人们强烈厌恶被抛进饿狼洞里。因此，其合理性实际上是基于人们偏好的强度的。

如果不看人们的偏好，纯粹根据社会选项的客观描述（例如上述的饿狼洞或萨缪尔森的例子中的巧克力的分配），一般上是会违反帕累托（Pareto）原则的。例如上述的“不必看偏好，只看 x 涉及有人被抛进饿狼洞里，就可以断定 y 比 x 好”。如果乙并不厌恶被抛进饿狼洞里，因为他是狼孩，从小被狼养大，被抛进狼洞里，他如鱼得水，因此他偏好 x 甚于 y。如果社会选择 y，显然违反帕累托原则，因为每个人都偏好 x。因此，不可以不看偏好，也不可以只看序数效用或偏好的排序，也必须看偏好的强度或基数效用。

柏格森和萨缪尔森强调序数主义的足够性。柏格森本人在文章中写道（详见参考文献 13）："我认为剑桥学派的经济学家（系指马歇尔、庇古等人）所引入的基数效用计算对福祉经济学来说并不是一件合用的工具。"（转引自参考文献 12，第 20 页。）阿罗（Arrow）对柏格森的话有如下解释："柏格森认为有可能根据个人的无差异曲线（即只用序数效用）来对社会状态进行排序，萨缪尔森对此表示赞同。"（参考文献 11，第 5 页。）萨缪尔森的观点甚至比柏格森还要鲜明，他反复断言柏格森—萨缪尔森式的社会福祉函数"肯定存在……它丝毫不涉及基数偏好强度"（参考文献 69，第 86 页）。肯普（Kemp）与笔者 1976 年的论文证明这是不可能的。（详见黄有光《从诺奖得主到凡夫俗子的经济学谬误》，附录 B。）

在 2005 年 12 月的 *Social Choice and Welfare* 上，有一篇著名公共选择学者铃村兴太郎（K. Suzumura）采访萨缪尔森的文章，通常这种文章是讲被采访者的好话的。大体上这篇文章也不例外。但在谈到萨缪尔森与我们的论争时，虽然萨缪尔森本人坚持己见，而采访者铃村兴太郎说："罪过可能并不在于肯普和黄有光（Kemp & Ng）的公理三，而在于序数福祉主义的狭窄的信息基础。”（参考文献 75，第 345 页附注。）也就是说，单单根据人们的序数偏好是不够的。显然，铃村兴太郎同意肯普和笔者（Kemp & Ng）的看法。

还有，曾经是美国公共选择学会会长的丹尼斯·穆勒（Dennis Mueller）也显然支持我们的观点：“继帕克斯（Parks）以及肯普和黄有光（Kemp & Ng）（参考文献 44）开创性的论文之后，一些论文重新确立了，如果只有序数效用，不可能得出 Bergson-Samuelson 的社会福祉函数……黄有光在 1975 年的最初理论以及随后的详尽论述（见参考文献 53、54、55、57、58），有力地支持了加总性（即效用主义）社会福祉函数理论。”（详见参考文献 49，第 383—441 页。）

关于穆勒，还有一个有趣的故事。上述引言来自穆勒关于公共选择理论那本书的第二版。其第一版发表于 1979 年底。笔者于 1979 年初曾经到穆勒当时任职的马里兰大学（Maryland University）（后来他回奥地利担任维也纳大学教授，直到 2008 年退休）参加一个研讨会，得以初次认识穆勒。当时他把该书关于社会福祉函数的一章的打字稿给我评论。我读后很满意，也没有发现有何错误，没有给他什么评论。出书后，我再次读该章，至少读了关于评论萨缪尔森与我们之间的论争的部分，发现与初稿有很大的不同。我马上写信（当时还没有电子邮件）给穆勒说：“你给我的稿子明显说非用基数效用不可，萨缪尔森是错的，而且解释得很清楚，为什么发表后的却讲得模棱两可，也不清楚，读者哪里能够知道你的观点是什么？”

穆勒回信解释说，他给我稿子时，也给萨缪尔森（当时早已经是诺奖得主）寄去一份，萨缪尔森给他回了一封措辞强烈的抗议信，他只好修改。但他也认为修改后意思不清楚，同意在出版第二版时纠正。我等了10年，才看到第二版。这纠正后的第二版（2003年的第三版也一样）虽然没有像原稿把萨缪尔森的错误讲得那么明显，却也相当公正与清楚。

科斯对外部成本的一个不对称性的忽视

绝大多数经济学诺奖得主都发表过很多文章与专著。科斯（Ronald Coase）发表的文章不多，但他的两篇重要文章，包括本节所评论的文章（详见参考文献22），却被大量引用，远远超过其他经济学诺奖得主。另外，本节所论述的问题，牵涉到环保与人类存亡的重要问题，科斯的失误，很可能危害环保大业。因此，本节所论述的谬误，可能错误的程度最小，但其危害性很可能最大。因此，非评论不可。

科斯的巨大影响，也可以从下述事件看出。笔者于2000年在《经济学消息报》发表了一篇主张向汽车与汽油征收很高的外部成本税（污染、堵塞、噪音、意外、炫耀性消费）的文章，这个主张被一位读者（何颖）批评为忽视了科斯的观点的错误。另外，皮建才（《经济学家茶座》，2009，辑42，第65页）也说："庇古传统（向污染征税）最后被科斯打破!"（关于庇古向外部成本征税的建议，见参考文献66、67。）直到近年（2014年12月），中国著名经济学者张维迎还在《信报财经月刊》试图论证"传统经济学有关市场失灵的理论都是错误的。……外部性并不是政府干预市场的正当理由"。

不只在中国，西方也有很多市场经济万能论者。例如，安德森（Anderson）在一篇获奖的文章中说"我们应该去掉外部性的概念"（参考文献10，第460页）。张五常（Cheung）与兰德尔（Randall）也有类似看法。（详见参考文献21、68。）笔者很多年前曾经在澳大利亚经济学者大会中，听到一位学者斩钉截铁地说：“外部性并不存在！”笔者跟他争论，举出许多诸如污染之类的外部性。最后他说：“如果承认外部性存在，政府去处理的结果，肯定更糟，因此，不如坚持外部性并不存在。”

政府去处理，结果更糟的情形，可能很多，但是像生态破坏、全球变暖的问题，很可能会严重到威胁全人类以及地球上所有生物的生存，非处理不可。不但需要政府，还需要国际合作。即使做得更糟，还需再做。总不能眼睁睁等待灭亡！其实，不只是这个存亡攸关的环保问题，包括治安与基础设施等许多公物的提供，食品安全条例的规定，都需要政府去实行。非用市场不可，无政府也万万不能。

何颖先生2000年4月14日在《经济学消息报》中对笔者的批评相当尖锐。他应用科斯关于外部性问题的两面性的论点，认为“显然……黄有光先生是错了。他犯的正是科斯……所批评的‘庇古的传统’的错误。他仅仅考虑了……私车的……外部成本，而决定采取……重税……忘了再算一笔账，限制私车的使用给个人效用……中国的汽车及前后项关联产业等各方造成的损失又可能有多大？孰重孰轻，没有比较。”

我从1970年开始在大学教书至今，几乎每年都有教福祉经济学，每次都向学生谈到科斯关于外部性问题的两面性的论点。因此，何颖先生的评论使我大吃一惊，难道我忘了几十年来所教的ABC？再略一反思，认为应该没有错。小心起见，还是把科斯的《社会成本之问题》重读一遍，并联系汽车问题进行思考。结论是：黄有光没有错。

回应何颖先生

应对汽车与汽油课以重税的主张，并不会因外部性问题的两面性而变为错误的。第一，科斯认为规定工厂不可污染或必须赔偿污染之受害者未必是符合效益的，必须看具体情况（假定谈判成本可观，不然在任何规定下都可通过谈判取得有效益的解决方案）。例如此工厂生产某种国防必需品，非要在那里生产不可，非污染不可。污染的危害不大，但如果对受害者赔偿会导致反效益行为之大量增加，则让该工厂污染可能比让它停止生产或赔偿更有效益。不过，这种情况是特殊的，不是一般的。一般情况是污染等环保问题很严重，而如果充分考虑污染所造成的损失，多数污染者能可观地减少污染，因而要求污染者为污染负责是符合效益的。

第二，我们的选择并不是完全禁止污染/汽车或完全自由放任。笔者的建议是对汽车和汽油课以相当于其外部成本的税，使其在边际调整上达到有效益的水平。第三，如果也对汽车的受害者征税是重要与可行（包括成本不是太高）的，笔者并不反对双边征税。不过，在汽车的情形，大致上并不需要双方征税，对汽车与汽油的单边征税就行了。

应对汽车与汽油课以重税的主张，主要基于五个重大的外部成本：拥堵、污染、噪音、意外与炫耀性（显示经济地位）消费的负和游戏。拥堵的受害者主要就是汽车使用者，因此对汽车与汽油征税就可以了。(理想而言，税额会增加，因为除了一部车子对他人的影响外，还需包括因这部车子他人所做调整而承担的损失。税额的决定也会较复杂，必须考虑个人与社会平均量的差异等，但这种理想税可行性不大。）脚踏车（实际上不能自行的所谓“自行车”）也会造成与承担部分拥堵的成本。但脚踏车由于是有更大外部成本的汽车的替代品，又是有利健康的特优物品（merit good），应该补贴的理由大于应该征税的理由。

污染的受害者包括：汽车使用者、其他市民、全国人民以及全人类。汽车使用者已讨论过了，其他受害者的重要性与解决问题的可行性都不大。显示经济地位的负和游戏的受害者包括汽车拥有者与“望车感叹”者。但因没有对这些受害者征税而使他们能做的反效益决策的规模并不大。这一方面是因为用征税而不是规定汽车拥有者必须补偿受害者。补偿使受害者有更大的（相对于征税）增加补偿的动机（对豪华车的破坏应以违法处理，且与双方征税无关）。在这方面的双边征税的可行性也不大。结论是，在汽车问题上，对汽车与汽油单方征税就行了（适当投资公路又是另一问题）。

何颖先生也提及“限制私车的使用给个人效用……中国的汽车及前后项关联产业等各方造成的损失”。我认为这是对外部性的两面性的误用。汽车的外部成本问题的直接有关双方是汽车使用者与使用汽车的受害者，不是一般的个人与汽车等行业。另外，对汽车与汽油征税会增加个人效用（平均而言）。前提是可以假定行政成本不是太高，而且税收不是被丢入大海或被官员贪污掉。

汽车等行业虽然不是汽车的外部成本问题的直接有关的任何一方，但是与其中一方有间接关系的，是否必须考虑呢？如果不考虑次优（如果考虑，会加强重税的主张，因为制造汽车的原料的生产也有很大的外部成本）与短期调整等问题，则不必考虑。如果因为汽车的外部成本太大而应该减少汽车生产，则应该让资源转移到其他部门。短期而言，必须考虑汽车业调整产量可能引起的失业等问题，而须给予适当的调整时间。不过，这问题在此也不大适用。我的重税建议，是要避免汽车的进一步泛滥，并不是要消灭汽车业。我的建议会使汽车业的增长率降低，而不是使它缩小。另外，不论是本国或进口的汽车或汽油，都应课以重税。若考虑豪华车（多数进口）是“钻石性物品”（见黄有光《从诺奖得主到凡夫俗子的经济学谬误》第 1.6 与 1.7 节与附录 C），则从纯效益原因就应对豪华车课更多的税。

外部性问题的两面性

科斯关于外部性问题的两面性的论点大致是正确的。例如一个污染周围空气的工厂，让它污染会对周围居民有所损失，不让它污染会对工厂有所损失。如果法律规定工厂不必赔偿居民的损失，则工厂多数不会充分考虑居民的损失，因而污染水平会失之过高。如果法律规定工厂必须赔偿居民的损失，则居民多数不会充分考虑工厂或必须减少污染或必须赔偿的损失，而可能过分增加一些会加大工厂损失的活动，例如多在工厂周围晾衣、运动、盖房子等，因为其损失可以得到赔偿。科斯认为不应该片面规定污染者必须赔偿受害者，而必须对具体情况进行比较。

外部性问题的两面性的论点虽然大致是正确的，但庇古的传统与笔者主张向造成污染、拥堵与显示相对经济地位的负和游戏的汽车和汽油课以重税的建议，也是正确的。这话怎么讲？

首先，科斯忽视两面性的一个重要的不对称性。(此点似乎未有其他学者论述过。) 污染者自己利润或效用极大化下的污染水平，在边际上给以受害者的损害程度，是超边际的（显著大于无穷小)，而受害者略微增多晾衣等活动所造成的社会效益损失，在原有污染水平上，是边际的（无穷小)。(因为这些活动水平原已使效用极大化，而且假定这些活动并没有外部成本。若有，应另行处理，这是另一个问题。）因此，不太大的污染税或补偿，一定会增加总效益。（详见笔者论文 *Eternal Coase and External Costs：A Case for Bilateral Taxation and Amenity Rights*，2007。不习惯用简单图形分析问题的读者，可以忽略下面五小段。）

如图三所示，横轴 x 是污染量，纵轴 y 衡量污染量对污染者的边际净利益（每增加一个单位所增加的总净利益，利益包括方便），由 a 曲线（的高度）代表；纵轴也衡量污染对受害者造成的边际损失，由 b 曲线代表。如果污染者不需要对污染负责，其自利行为使污染量达到 P 点。但从整个社会的观点来看，考虑到污染对污染者的方便与对受害者的影响，最优点由 a 与 b 这两条曲线的交点决定，最优污染量是 S 点。

庇古的传统是对每单位的污染量征收等于 ES（等于在最优污染量 S 点时，污染对污染受害者造成的边际损失）的污染税。这使污染者对污染量的税后净评价从 a 曲线下降 ES 的幅度（图中没有显示），使污染者自愿减少污染量到 S 点，达致社会最优点。（由于污染的边际损失难以估计，尤其是涉及将来的损失，这是否会使污染税在实际上难以进行呢？未必。笔者论述，在大多数情形下，应该对污染征收至少等于清理污染的边际成本，而这成本比较容易估计。详见参考文献60。）

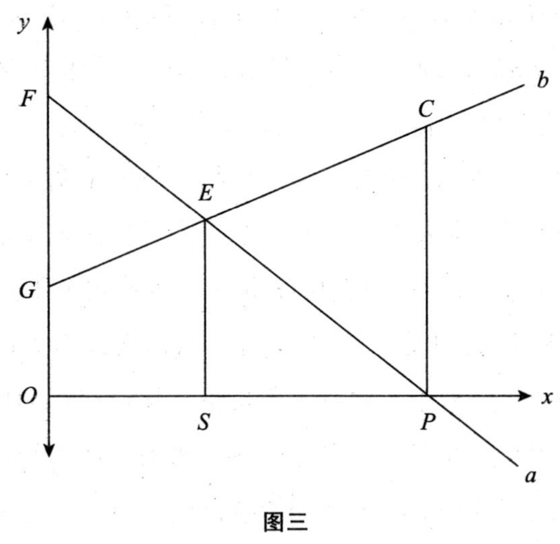

图三

科斯的“外部性的两面性”，可以用图三来解释。第一，外部性并不只影响一方，而是影响双方，因而有 a 与 b 两条曲线。第二，完全允许自由污染（污染者不缴税，也不赔偿受害者）的情形（P 点），与完全禁止污染的情形（图中是污染量为零的原点 O 点），是哪一个情形比较好，并不能一概而论，要看具体情形。图中的三角形 FEG 可能大于，也可能小于三角形 ECP。若大于，自由污染的 *P* 点比完全禁止污染的原点好；若小于，则反之。

上述的两面性的观点是对的，但科斯进一步得出了一个错误的结论，说因为如此，庇古的传统是错的。如果原来在自由污染的 *P* 点，庇古的传统建议对污染征收等于 *ES* 的税收，使污染量减少到社会最优的 *S* 点，而这是对的。为什么科斯得出庇古的传统是错误的结论？

科斯不用数学，不用图形，只比较完全自由污染（*P* 点）与完全禁止污染（*O* 点），因而忽视了在 *P* 点时，外部性虽然有两面性，但也有其不对称性。在完全自由污染的 *P* 点，减少污染一个边际单位，对污染者的损失（*a* 曲线的高度）是无穷小的，而对受害者的得利或其损失减少的程度（*b* 曲线的高度，等于 *PC*）是很大的。因此，对污染征税的庇古传统是对的。

从科斯的上述错误，我们可以得出一个教训，要分析经济问题，应该学会应用图形与数学；但也不要走火入魔！

天才的科斯为什么会忽视上述不对称性呢？一方面，如上所述，科斯不用数学，甚至不用图形，只用叙述推论。如果只比较上述两个极端（完全自由污染与完全禁止污染)，很难看出不对称性。另外一方面，科斯本着芝加哥学派反对政府干预的倾向，或有意识形态影响逻辑思维的作用。

双边征税？

外部性的两面性的问题，或可用双边征税（bilateral taxation）来解决。1962 年，布坎南（Buchanan）与斯塔布尔宾（Stubblebine）曾提出以双方征税来解决外部成本的问题，其目的是要避免在只对污染者征税后，有关双方通过谈判而达到一个从社会观点来说不是最优的水平（由于税收减少）。在双方征税下，不仅对污染者(或其他造成外部成本者）按其对他人所造成的损失征税，也对受害者按污染者因减少污染所蒙受的损失征税。其实，如果双方能够通过谈判来改进，则完全不必对任何一方征税，让他们通过谈判解决，就能使效益极大化。不过，双边征税却是一个绝妙的办法，因为它有下述重要功能。

双边征税使双方都考虑到对方的损失，不但污染者有减少污染的激励，受害者也有减少能增加受害程度的活动的激励，包括避免在污染严重的地方练气功，甚至考虑移居到空气较好的地方。由于对方的损失会增加自己的税收，各方在自己的决策中，自利行为就会和全社会效益极大化相一致。

据拙作《福祉经济学》（*Welfare Economics*，参考文献 52、62）第 7 章，双边征税还有另一个重要功能。对污染者应该课多少税，应该根据污染的危害程度而定。但政府并不是无所不知的，至少部分要根据受害者的反映。在单方征税下，受害者有动机夸大其受害程度，以增加污染税，使污染程度大减。由于这没有考虑到工厂的利益，从全社会的观点来看将会是得不偿失的。在双边征税下，对方的损失会增加自己的税收，因而各方都没有夸大自己损失的动机，使政府能较容易估计税率。（当双方或其中一方人数多而各人偏好差异很大时，在外部性问题上又加上了公共物品之问题，使最优税收复杂化。）

“经济学历史上最有名的辩论聚会”

张五常教授于 1990 年 7 月，在科斯获得诺奖之前，写过《我所知道的科斯》一文，重新刊登在 2013 年底追忆科斯会出版的手册《追忆科斯》。在此文的第 4 页，张教授叙述了 1960 年春天，包括好几位诺奖得主与其他非常有名的经济学家参加的“经济学历史上最有名的辩论聚会”。

“科斯问：‘假若一家工厂，因生产而污染了邻居，政府应不应该对工厂加以约束，以抽税或其他办法使工厂减少污染呢？’所有在座的人都同意政府要干预——正如今天香港的环保言论一样。但科斯说：‘错了！’跟着来的争论长达 3 个小时，结果是科斯屹立不倒。”（手册第 27 页）“科斯反对政府干预污染胜了一仗。”（手册第 28 页）

根据上述在自由污染下，污染的边际利弊不对称性的道理，科斯反对政府干预污染并不正确，反而是“香港的环保言论”大致是正确的。如果张教授的叙述是正确的，看来那些顶尖的芝加哥大师们（包括 Friedman，Stigler，Harberger，Bailey，Kessel，Lewis，Director 等），当时都被科斯的只比较两个极端的简化，以及芝加哥学派的反干预意识形态所误导了。

不错，如果假定完全不存在任何（广义的）交易成本，只要产权定义明确，维护产权有效，不论产权归属任何一方，双方都会通过无成本的谈判来达到效率最高的处理方法。这是所谓科斯定理。如果工厂有权污染，居民可以出钱让工厂减少污染到从社会观点最有效的程度；如果居民有安宁权，工厂可以出钱让居民同意接受一些污染。考虑财富或收入效应，在这两种安排下的污染量未必一样，但有效率性或最优性是一样的。

然而，科斯本人是最强调交易成本的人之一。上述交易成本不存在的情形下，只是科斯的开场白，他主要在分析交易成本存在的情形。他后来的文章曾经强调这一点。尤其是在大多数空气污染的情形下，受害者是千千万万的居民，甚至是全世界人民，以及几百年后的人民，要联合起来向工厂谈判达致最优污染量，其交易成本是受害程度的几万倍以上，根本不能够实现。再说，像造成全球变暖的二氧化碳，是在全球散布的，不能够把空气分割成千千万万个单位由私人拥有产权，只能够由政府甚至全世界联合管理。反对政府干预污染，肯定是错误的！除非政府干预得一塌糊涂，比没有干预时还糟糕。若然，需要改变干预方法，毕竟人类不能等死！

闲说张五常

说到张五常，顺便一提，笔者非常欣赏他的《买橘者言》与《中国的前途》。30多年前，我读了他这两本文集后（当时还未谋面），就写信向中共高层推荐他（虽然人微言轻，未有作用），可见我对他的佩服。最近读了他的《多情应笑我：五常散文选》（2013），可读性也很高。显然，张教授是天才一个。不过，他也有许多需要商榷的观点。例如，在这最后一本书的第63页，他说："至于那些计算快乐指数的众君子，则要找神经科医生检查一下。"快乐指数虽然有很多困难，但快乐是终极目的，不能忽视。（详见黄有光《快乐之道》。）

还有，张五常自我评价特高，例如同书第247页："对市场现象的解释，没有谁可以跟我比一手，相近的也应该没有吧。"不过，必须承认，在这方面（实际市场现象的具体解释），至少黄有光不能与张五常比一手，也不相近。不过，在逻辑推理方面，又如何呢？

张教授1985年2月就在香港《信报》上发表了震撼人心的《没有兄弟姐妹的社会》一文，质疑"独生子女政策"。于2000年3月16日在香港《壹周刊》又发表了《天伦之乐》一文。此文也不乏令人拍案叫绝的论述，例如："我也可以肯定，无论中国将来怎样富有……若不取消'一家一孩'的政策，'快乐指数'就缺善可陈。……就算是中国数十年后变为世界第一经济强国，没有天伦之乐又有什么意思呢?”虽然反对者可以说这言之过分，天伦之乐最多减少，不会完全没有，但这观点的确令人三思。不过本节并非要谈人口问题，而是要指出张教授文中主次论点的对立。

顾题思义，张文的主要论点是在强调天伦之乐的重要，从而质疑“独生子女政策”。但在文章前半部分，张教授却大谈快乐指数，认为“快乐的调查很无聊，没有什么意思。……从一般生活水平而论，印度肯定不及中国，而把印度的‘快乐’排在英国（排第七）之上，真的是莫名其妙了”。张文的这个次要论点可以说和其主要论点是相互对立的。其主要论点强调，若没有天伦之乐，经济强国与高生活水平并没有用，因为人们不会快乐。倘若如此，则快乐应该是非常重要的，为何关于快乐的调查会很无聊呢？为何那些计算快乐指数的众君子，必须找神经科医生检查一下呢？这可能是因为张教授认为快乐的调查不可靠。不过，难道张教授不同意凯恩斯（J. Keynes）与图凯（J. Tukey）等都强调过的“给对的问题一个近似于模糊的答案远胜于给错误的问题一个精确的答案”？

9. 读一些好书，修正谬误

要少犯错误，除了多用常理与思考，还可以多读一些好书。这里介绍笔者这几年读过的几本好书。

1. Clarke，David，*How UFOs Conquered the World*：*The History of a Modern Myth*，Aurum Press，London，2015.

对飞碟与外星人是否存在有兴趣的读者必读。

作者（Clarke）在10多岁时相信飞碟或不明飞行物体。他曾经做过记者与英国国家档案馆（The National Archives）的顾问与发言人，也在谢菲尔德哈勒姆大学（Sheffield Hallam University）教过书。笔者对飞碟与外星人原来持怀疑态度，但读了很多倾向于正面的论述的书籍，有些相信。但这本书使笔者从倾向相信改变为倾向怀疑，但还是认为可以继续探讨。

2. Ramachandran，V. S.，*The Tell-Tale Brain*，Windmill Books，London，2011/2012.（介绍见附录B）

作者是成就很高的神经科学家，被著名生物学者理查德·道金斯（Richard Dawkins）称为是“神经科学的马可·波罗”。笔者在本书“附录B：宇宙之谜”中说，读这本书的获益，比读许多心灵哲学的大许多倍，可以强力推荐。

3. Kahneman, Daniel, *Thinking, Fast and Slow*, London: Allen Lane, 2011.

（介绍见本书“6. 决策与行为方面的谬误”。本书也有中译本。）

4. Friedman, Daniel & McNeil, Daniel, *Morals and Markets: The Dangerous Balance*, 2nd edition, Palgrave/Macmillan, 2013.

此书的精彩内容可以用其第6页的几句话来反映：“市场需要道德……虽然很少人知道，市场也使我们更加有道德。市场不但鼓励合作，也通过增加财富而提高像治安与公共健康等制度。几百年来，当我们把道德与市场配合起来，战争与犯罪大量减少。市场导致我们现在生活在和平世界中。市场与道德虽然互补，但也有互害的地方。有时道德破坏市场……有时市场腐化道德……”

5. Brennan, Jason & Jaworski, Peter M., *Markets*

without Limits: *Moral Virtues and Commercial Interests*, Routledge, 2016.

此书精彩地反驳了许多反对商品化者的论述，认为只要人们可以拥有的物品或做的事物，也就应该可以买卖。不应该允许买卖儿童色情，但问题不在买卖，而在儿童色情本身，不但不应该买卖，也不应该制造与拥有。

附录 A：对联谈趣

如何作对联？对联要件

1. 上下联每个对应句的字数相同

笔者第一次接触对联，是在小学二三年级时，记得当时老师说了一联：

香花不红，红花不香，玫瑰花又红又香；
响屁不臭，臭屁不响，大屁又臭又响。

班上同学虽然大概也是第一次接触对联，却也马上意识到应该字数相同。因此，班上有好多同学异口同声地说，“连环屁”，认为应该用“连环屁”对“玫瑰花”，而不是用“大屁”。该老师无动于衷，好像不知道对联应该上下联字数相同。

多年前，我在台湾的“中央日报”的一篇《绝联》的短文，试对古难联，并提到这件事。台湾 Petra Yu 建议用“蕃薯屁”，显然比“连环屁”更好。他说：“蕃薯对玫瑰，植物对植物。玫瑰向上开花，蕃薯向下结果，而且，蕃薯屁也确实又臭又响（连环屁虽很响却不一定臭）。再者，玫瑰均从‘玉’，蕃薯皆从‘艹’，有细部的工整。”（“蕃薯”同“番薯”。）

英文有一句话，“The exception that proves the rule”（证明本法则的例外）。不过，绝大多数情形，当人们用这句话时，我认为并没有证明，而是真正的例外，是减低那法则的适用性，而不是证明。我这里有一个真的是证明这法则（上下联必须字数相同）的例外。袁世凯去世时，有人写了一副对联：

袁世凯千古，

中国人民万岁！

有人评论说，三个字的“袁世凯”，怎么能够对四个字的“中国人民”呢？那对联作者说，“是呀！袁世凯就是对不起中国人民呀！”这个例外，真的是证明这个法则或要件，因为那作者就是要人们说“‘袁世凯’对不起‘中国人民’”。

2. 词性相同

对联的第二个要件是，相对的字或词组，词性要相同，尤其虚实。动词对动词，形容词对形容词，普通名词对普通名词，专有名词对专有名词，姓氏对姓氏等。最好做到数字对数字，颜色对颜色等。如果要做到“工对”，每个字的词性都必须对。“宽对”则可以用整个词组来考虑。例如毛泽东的：

三十八年还旧国，
落花时节读华章。

“落花”不能对“三十”，但“落花时节”可以对“三十八年”，因为都是一个时间段。再如：

云横九派浮黄鹤，
浪下三吴起白烟。

这就是数字对数字，颜色对颜色，每个字的词性都对的“工对”。

3. 节奏

每个词组相对，例如，上联是像七言诗的2—2—3

句法，下联也必须同样。例如杜甫的七律《登高》，全诗都是2—2—3句法的句子。

风急天高猿啸哀，渚清沙白鸟飞回。
无边落木萧萧下，不尽长江滚滚来。
万里悲秋常作客，百年多病独登台。
艰难苦恨繁霜鬓，潦倒新停浊酒杯。

例如，如果上联是“蒋介石北伐”，下联是不能够用“周瑜西南征”来对的，虽然都是五个字。上联的节奏是“3—2”，下联的是“2—3”。可以改为“周公瑾西征”（公瑾是周瑜的字）。

4. 平仄相对/反

不必每个字都平仄相对，但最好每节脚、句脚都相对，而联脚（整联最后一字）必须平仄相对（即相反）。例如：

锦瑟无端五十弦，一弦一柱思华年。
庄生晓梦迷蝴蝶，望帝春心托杜鹃。
沧海月明珠有泪，蓝田日暖玉生烟。

此情可待成追忆？只是当时已惘然。

——［唐］李商隐《锦瑟》

律诗首联与尾联不必（但可以）对，但中间两联（颔联与颈联）必须成对。以上面颔联的上联“庄生晓梦迷蝴蝶”为例，这句的节脚是“生”“梦”，句（与联）脚是“蝶”。这三个字的平仄依序是平、仄、仄。下联“望帝春心托杜鹃”的节脚是“帝”“心”，句（与联）脚是“鹃”。这三个字的平仄依序是仄、平、平，与上联的相反。一般来说，上下联的最后一字（联脚）是仄起平收。但也可以是反过来。还有，对联可以，但不必押韵。

5. 避免用同字

除了一些不重要的字（之、又，等等），下联尽可能避免在同样的位置用和上联同样的字。

6. 避免“合掌”

整个下联不可以和上联的意义完全一样，例如：

我到星洲游历；

吾来狮城旅行。

星洲与狮城都是新加坡的别称。Singapore 是从马来文 Singa（狮子）来的。个别词的同义是可以接受的。例如上述下联如果改为“他来上海旅行”是可以对上述上联的。

7. 巧联巧对

上联有某些特出的地方，下联也必须有同样或至少类似的特点：重复字、拆合字、同声字、双声、叠韵等。双声、叠韵可以互对，但重复字必须重复。（上联没有重复，下联不可以重复。这往往被忽视。）例如：

蚕为天下虫；

鸿是江边鸟。

上联说的是“天”字下面加一个“虫”字，就成为“蚕”字。下联说的是“江”字边加一个“鸟”字，就成为“鸿”字。这是拆合字的巧对。

据《联合晚报》2016 年 9 月 21 日报道，东吴大学中文系举办全球征联活动，中国台湾前领导人马英九于 21 日当场挥毫写出上联“秋刀出鞘渔民笑”，向全球公开征求下联。根据报道，他说：“2012 年台湾秋刀鱼捕获量超过日本，跃升全球第一，他到高雄渔港看到秋刀鱼卸货时，有感而发写出上联，多年来一直没人对出下联。”东吴大学中文系主任钟正道称：“此题有双关比喻，又有动感和画面，呈现台湾渔民喜获丰收意涵，要对出下联不容易。”对联专家刘志英说，这题难度起码有80分以上，词义、词性、平仄都要对得很整齐，确实不太容易，他一时也没有想出好的下联。

笔者认为马英九的上联“秋刀出鞘渔民笑”主要有两个特点：

①“秋刀”暗藏“秋刀鱼”(钟主任说的双关)。

②“鞘”与“笑”押韵。

笔者试对下联如下，并向方家请教。

金目发光馋客慌。

横批：鱼可食否？因为上下联都是关于鱼的，也顺便提倡对动物福祉的关心。关于笔者对动物福祉的看法，见卡彭代尔（Max Carpendale）发表于 *Relations: Beyond Anthropocentrism*，2015，3（2）：pp. 197－202 对笔者于 1995 年提创福祉生物学的采访：http://www.ledonline.it/index.php/Relations/article/view/884。

“金目”暗藏金目鲈，“光”与“慌”押韵。因此，这下联不但在字、词性、节奏、平仄上与上联相对，也在上联的两个特点上对上了。在意义上，要吃鲈鱼的馋客看到金目鲈的眼睛还会发光，心中很可能会慌。

网上读到的下联如“春毛入耳花鹿哭”与“梅花正道菜桶哀”都没有这两个特点（最多只有一个），甚至词性也不合（例如，“道”是动词，不能对名词的“鞘”），根本对不上。平声的“毛”与“花”也不能对平声的“刀”。虽然不必每个字的平仄都相对（相反），但在三个“节脚”（刀、鞘、民）与“联脚”（笑）应该要平仄相对。

一位姓吕的姑娘结婚，在闹新房时，一位姓徐的男子出了一上联，而新娘对出了下联。

吕氏姑娘，下口大于上口。

徐家子弟，邪人多过正人。

“吕”字由上下两个口字组成，而下口大于上口。

这上联显然很不礼貌，所以新娘在下联中骂回。“徐”字中有一个正立的人与两个斜立的人，所以邪（斜）人多过正人，姑娘对得很巧妙。

在另外一个婚礼上，有这样一副对联。

小姐诚抱屈矣！

先生果破费乎？

这对联好像没有什么特出，但如果新郎姓屈，新娘姓费，就很巧妙了。

东当铺、西当铺，东西当铺当东西。

男学生、女学生，男女学生生男女。

看起来好像也对得很有趣。其实有一个错误，使下联对不上上联。看得出错在哪里吗？答案在书末。

8. 最好做到

上下联意境相合或对照等。还有，用句精练，争取内容达到真善美。

下面一副对联，总结上述对联要件：

对对对，对字对词对节奏，仄起平收。

联联联，联意联情联声调，句好对巧。

9. 对联哪里找

网上很多，但水平参差不齐。市面也可以买到很多关于对联的书本。律诗与骈体文里也有大量的对联。笔者于2008年全球金融危机时写过一首七律《七律·2008美国金融危机》(发表于《联合早报》，2008年10月25日)。

股暴债增全世惊，大国何奈逆时情？

沙滩懒汉梦双艳，学府专家寻万灵。

联储频频降利息，财局屡屡减租金。

药膏万亿如何贴？强美辉煌不再行！？

黄有光邂逅王勃？

初唐四杰之一王勃的《滕王阁序》，不但文采非凡，而且全文都是对联，即这是一篇骈文。

据说，“滕王阁位于赣江东岸，江西南昌西北，与湖南岳阳楼、湖北黄鹤楼并称江南三大名楼。滕王阁是公元653年，唐高祖李渊第22子、唐太宗李世民之弟滕王李元婴任洪州都督时所建。滕王阁饱经沧桑，历史上屡毁屡建达28次之多，世所罕见。”

唐高宗上元二年（公元675年）重阳节，洪州都督阎伯屿为滕王阁重修竣工盛宴庆祝，王勃被邀入席。阎都督请各位嘉宾行文赋诗以纪欢宴之盛况，但其实阎都督是想让其女婿展露文才。因此在座诸公均再三谦让。请到王勃时，王勃应允，令得满座愕然。阎都督气得走进后室，但让人把王勃写的文章报告进来给他知道。看：

豫章故郡，洪都新府。（写南昌历史。）

星分翼轸，地接衡庐。（写南昌天文地理。）

阎都督说，也没有什么特出的。接着，王勃又写：

襟三江而带五湖，

控蛮荆而引瓯越。

物华天宝，龙光射牛斗之墟；

人杰地灵，徐孺下陈蕃之榻。

显然很好，阎都督也就不出声。等到王勃写出：

落霞与孤鹜齐飞，
秋水共长天一色。

阎都督说，“真乃天才，当垂不朽！”接着，王勃又写：

渔舟唱晚，响穷彭蠡之滨；
雁阵惊寒，声断衡阳之浦。

阎都督不再等人报告，回到客厅直接看王勃写，一直到最后几句：

呜呼！胜地不常，盛筵难再；兰亭已矣，梓泽丘墟。

临别赠言，幸承恩于伟饯；
登高作赋，是所望于群公。
敢竭鄙诚，恭疏短引；
一言均赋，四韵俱成。
请洒潘江，各倾陆海云尔。

钟嵘有“陆才如海，潘才如江”的评论，所以这最后一句是王勃请众文人把其如江似海的深厚才华展现出来。

还有其序诗：

滕王高阁临江渚，佩玉鸣鸾罢歌舞。
画栋朝飞南浦云，珠帘暮卷西山雨。
闲云潭影日悠悠，物换星移几度秋。
阁中帝子今何在？槛外长江□自流。

王勃写完，移步向外。阎都督发现最后一句漏了一个字，不知那句应该是“水自流”还是“独自流”，赶快追上王勃，让他回来补上。王勃说：“没有漏。”阎都督说：“肯定有漏，如果没有漏，我赔你一千两金子。”王勃回来，见了自己的七律，说：“有人用肌体语言，我用的是象形文字，空了一格，表示那是一个‘空’字，是‘槛外长江空自流’。”众人听说，都说：“绝妙！不能说是漏了一字。”阎都督只好送王勃一千两金子。

可能上面那位认为这样获得千两金子不应该，不久之后，王勃就溺水而死了。好一个天才王勃，26 岁左右就去世，他冤魂不散，每夜12点在溺水而死的江边，不停地念他的千古名句：

落霞与孤鹜齐飞，
秋水共长天一色。

当时有一位文人，认为王勃执念这样深，对自己灵魂的安息也不好，就到江边对王勃说：“你这两句虽然写得很好，但也还有可以改进的地方。”王勃问如何改进。那位文人说：“其实去掉‘与’与‘共’字，就‘落霞孤鹜齐飞，秋水长天一色。’更好！”

王勃无言以对，据说其魂从此不敢再到江边咏读诗句。其实王勃当时口服心不服，心想：“其实还是有‘与’与‘共’字更好，我当时没有反驳他，真不甘心。”但他当时已经错过反驳的机会。因此，王勃的魂魄就不再到他溺水的江边，而到滕王阁的江边，还是每夜12点，不停地念他的千古名句：

落霞与孤鹜齐飞，
秋水共长天一色。

1300多年来，王勃的魂魄每夜一直念诵诗句，直到2009年6月。当时在江西财大读博士的陈军昌的论文《内含政务专业化的分工形式化研究》，有用到杨小凯的分析框架，所以让我主持其博士答辩会。我说这是我读过的博士论文中最好的两篇之一（另外一篇是杨小凯自己的）。除了批准论文，还听说王勃的魂魄最近（当时）还是每夜到江边咏诵对联。我当时想，那我应该完成那位初唐文人还没有完成的工作，劝王勃安息。因此，当晚11点45分，我就到滕王阁江边等候。15分钟后，王勃的魂魄准时来到。不过，我可能因为八字略高，看不到他，只听到：

落霞与孤鹜齐飞，
秋水共长天一色。

不过，王勃说的是初唐的汉语，与现在的广东话有些接近，而与现在的普通话有很大差别。一方面我就在等这两句，一方面我也略微会听广东话（前后曾经在香港访问居留约两年），所以没有问题。后来我们的交谈又绝大多数是关于他的《滕王阁序》，彼此都很熟悉，大致也没有交流的问题。王勃是否看得见我，我不确定，但他肯定听得到，因为他有停下来听并回应。

我对王勃说："王勃，你这两句虽然是千古绝唱，整篇《滕王阁序》也写得非常好，但至少有三个问题。"王勃紧张地问："有何问题？"

"第一，你那两句绝唱，是从南北朝庾信的《马射赋》'落花与芝盖齐飞，杨柳共春旗一色'转化而来的。虽然青出于蓝，但根据我们现代学术界的要求，你至少应该给庾信一个脚注。"

王勃没有回应，我也不确定王勃是否明白什么是脚注，他也没有问我。

我继续说，"第二，你即使要在江边每夜咏唱，与其咏这两句不完全是你自己的东西，不如咏一些完全是你的句子。"

时运不齐，命途多舛（chuǎn）；冯唐易老，李广难封。

屈贾谊于长沙，非无圣主；

窜梁鸿于海曲，岂乏明时？

“以上句子就说得很对！‘但使龙城飞将在，不教胡马度阴山’（王昌龄）的李广，战功这么大，却终生没有封侯。‘屈贾谊’的是汉文帝，他是开‘文景之治’的第一个皇帝。没有文景之治，就没有后来汉武帝的大展宏图。有一次汉文帝想盖一个小亭子，但听说成本比一个农民一年的收入还高时，就决定不盖。有理由提名他为中国最好的皇帝。‘窜梁鸿’的是汉章帝，他是‘明章之治’的第二个皇帝，肯定不是昏君。”

勃，三尺微命，一介书生。
无路请缨，等终军之弱冠；
有怀投笔，慕宗悫之长风。

“文章结尾你还说了这样几句，刚才上面的几句还为这几句起了保护的作用，避免皇帝误会你是在怪责他，像后来的孟浩然，在其诗中说‘不才明主弃，多病故人疏’就让皇帝不高兴。”

王勃还是没有出声，我继续说。

“第三，你文章虽然写得非常好，但在内容与文字上也还是有些缺陷。”王勃紧张地问：“有何缺陷？”

“你文章中说，‘所赖君子见机，达人知命。’这虽然不算是错，因为每人都会见机行事。但你把‘见机’与‘君子’联系起来，就让那些投机取巧的人更加振振有词。这是内容上的问题。”

王勃还是不出声，我继续说。

“你接下去说，‘老当益壮，宁移白首之心；穷且益坚，不坠青云之志’。这是对仗的两句（除了‘勃’‘呜呼’等，全序都是对句），但下句用‘益’对上句的‘益’字，这是文字上的缺陷，对句应该避免用同字。可以改为‘穷而弥坚’。‘老当益壮，宁移白首之心；穷而弥坚，不坠青云之志’，不是更好吗？”

王勃听完，口服心服，还连声道谢。从此不敢半夜再到滕王阁江边咏诵。因此，笔者已经完成了那位初唐文人还没有完成的工作，让王勃的魂魄安息。

读者如果不信笔者上述故事，可以到南昌滕王阁江边，如果王勃还在那儿半夜咏诵，我赔你100万人民币！(关于上述故事的真伪，请在书末答案中找。)

18 万元诚征下联

1. 古今妙联

抗战时期，国民党政府从南京迁都到重庆。有人作出下面的“集地联”：

中国捷克日本，

南京重庆成都。

“捷克”“重庆”与“成都”是地名，而在联中又有普通意义。如果中国能够很快战胜日本，南京就能够重新庆祝成为首都。

骑奇马，张长弓，琴瑟琵琶八大王，王王在上，单戈成战。

伪为人，袭龙衣，魑魅魍魉四小鬼，鬼鬼居边，合手即拿。

山石岩前古木枯，此木是柴。

长巾帐内女子好，少女为妙。

古木为“枯”,“柴”字怎样写呢?本来“古”“木”两字合成的“枯”字是可以当成“柴”字用的，但因为已经当成“枯”字，必须另外造一个字。当时造字的人们看到家里放的柴，就说:“山中的木不是柴，这里的木才是柴，所以可以用‘此木’作为‘柴’字。”还有，古代造字的人大概多数是男的，才把“女子”合成“好”字。对男子而言，女子是好的。那么，比“好”更好的“妙”字怎么写呢?当然，少女为妙，因为年轻的女子对男子更有吸引力。(请参见本书“5.1进化生物学的启示”。)

妙人儿倪家少女，
大言者诸葛一人。

人儿为“倪”，少女为“妙”。言者为“诸”，一人为“大”。

天当棋盘星作子，谁人敢下?
地作琵琶路当弦，哪个能弹?(解缙)

纪晓岚很年轻就入翰林，持扇走入一室，一位有南方口音的老太监在读《春秋》，老太监出联如下：

小翰林，穿冬服，持夏扇，此部“春秋”曾读否？

纪晓岗对以：

老太监，生南方，来北地，那个“东西”还在吗？

上联有春夏秋冬四字，下联有东南西北四字。而且“春秋”不是真正的季节的春秋，而是一部书的名字；“东西”也不是方向的东西，而是“那个东西”！

二猿伐木深山中，小猴子也敢对锯/句？

一马陷足污泥内，老畜生怎能出蹄/题？(解缙)

客上天然居，居然天上客。(天然居：清朝长沙名店)

僧过大佛寺，寺佛大过僧。

僧游云隐寺，寺隐云游僧。

处处红花红处处，

重重绿树绿重重。

上海自来水来自海上，

山西悬空寺空悬西山。

"上海"一联还可以对以如下下联：

南京运油车油运京南。
山东落花生花落东山。
南海护卫舰卫护海南。

有老教书先生看到丫鬟在抓痒，出上联：

痒痒抓抓，抓抓痒痒，越痒越抓，越抓越痒，怎医得心坎儿上痒？

丫鬟在下联中骂回：

生生死死，死死生生，先生先死，先死先生，却原是饿鬼道中生！

调琴调，调调调，调调调来调调妙

"调"有两个不同读音。下联的"种"也有两个不同读音：

种花种，种种种，种种种出种种香。

2. 对联故事

有一位年轻私塾先生，发现学生的姐姐替学生改进其作业，出上联让学生对：

桃李杏鲜花何时开放?

在古代，这有些轻狂，学生的姐姐通过学生以下联骂先生：

稻粟粱杂种什么先生!

先生辩解说并无调戏的意思：

竹本无心，节外偏生枝叶。

学生姐姐回下联：

藕虽有孔，胸中不染污泥。

先生见口气比较平和，进一步试探：

湖水涟漪，一碧深情何不生莲（怜）？

学生姐姐回复：

秋波含笑，一双秀目怎可无眉（媒）？

这表示学生姐姐不反对，但认为应该明媒正娶。先生托媒人说亲，果然成功。

60多岁的老翁想娶16岁的姑娘，姑娘不甘心，出上联拒绝：

白纱帐外白发翁，咳嗽嗽，嗽嗽咳，呸，今生休想！

老翁回下联：

红锦被中红粉女，娇滴滴，滴滴娇，哈，前世修来！

3. 试对古难联

三光日月星。

这联难对在首字“三”，应该以另外一个数字对之。例如，如果对“四方东南西北”，就多出一字。传统的下联是“四诗风雅颂”，因为有“大雅”与“小雅”。严格一些，节脚“光”是平声，下联的“诗”也是平声，就对得不是很工整。笔者夫妇只有女儿，没有儿子，所以可以对下联为：

两代父母女。

闭门推出床前月。(苏小妹)
投石打开井底天。(秦少游)

大才子秦少游大概是心急了，才需要苏东坡投石提醒。其实这上联不是太难对，例如：

点火照明心上人。

今夕何夕？两夕已多。

笔者对以：

前日哪日？多日早昌。

鸡犬过雪桥，一路梅花竹叶。

犬的脚印像梅花，鸡的脚印像竹叶。笔者对以：

杨黄攀绝顶，全程劲草枯枝。

杨指杨小凯。杨有木字边，黄有草字头，所以可以对。

相传有一酒店，因为有美丽的女儿掌柜，客人很多，酒卖得很贵，又加温得不够，有人出上联：

冰冷酒，一点两点三点。

古冰字只有一点，与冷、酒的二点与三点水不同，与下句的一二三呼应，不容易对。后来有人看到丁香花盛开，对以：

丁香花，百头千头万头。

繁体字的万（萬）是草字头。笔者以这有名的下联为上联，对以：

火热舞，两遍四遍六遍。

火热舞三字下部分各有二、四、六笔。

烟锁池塘柳。

这上联有“金木水火土”五行。笔者对以“耳目口鼻舌”五官：

耳听眠敌鼾。

台湾有地名凤山，有富人出上联招女婿：

凤山山出凤，凤非凡鸟。

山山为出，繁体字的凤（鳳）是凡与鸟（鳥）两字合起来，很难对。澳大利亚的 Perth，可以翻译为“伯夕”。比起悉尼与墨尔本，这城市亚洲人比较少。黄昏时出来行走的很多是老人，故笔者对以：

伯夕夕多伯，伯乃白人。

枇杷树下弹琵琶。

笔者以南方口音“蝶”与“谍”都是仄声，可以对以：

蝴蝶园中捉胡谍。

望江楼，望江流，望江楼上望江流，江流千古，江楼千古。

笔者对以：

观海榭，观海啸，观海榭中观海啸，海啸万姿，海榭万姿。

纪晓岚夸口说天下没有对不出的上联，其夫人出上联，纪晓岚终生不能对出。

明月照纱窗，个个孔明诸葛亮。

难对在孔明就是诸葛亮，而在联中还有普通意义：每个窗口、每块葛布都亮。（古人以葛布糊窗，可以挡风而让光线进入。）墨尔本每年有农展，得奖的牛马，身披锦布，主人领着，文文正正地（“文正”也可以指牛马身上纹路端正；古代“文”与“纹”通用。根据这个解释，“文正”对“孔明”是“工对”），绕场走一周，主人感到很光荣。因此，用这个事实，笔者对出下联：

正日弥大地，匹匹文正司马光。

“文正”是司马光谥号。

另外一个版本：

葛布糊窗，个个孔明诸葛亮。

马身披锦，匹匹文正司马光。

大学士解缙曾经考到解元（进士第一名为状元，举人第一名为解元），据说他曾经在外口渴，向老妇人讨茶喝，老妇人出上联让他对：

一杯清茶，解解解元之渴。

此联难对在有三个同字异音的“解”字。第一个“解”读 jiě，解除；第二个“解”读 xiè，姓氏；第三个“解”读 jiè，解元。不但大学士不能对，据说后来也没有人对出。笔者对以：

两翼劲旅，单单单于之师。

第一个“单”读 dān；孤单之意。（此处当动词用，“使之孤单”之意。）第二个“单”，读 shàn，姓氏。第三个读 chán，单于（匈奴君主）。

2001 年，香港《信报》社长林山木，宴请台大经济系熊秉元，陪客是邱翔钟和我。熊秉元有两篇文章被选为台湾中学生课文。邱翔钟是当时《信报》总编辑。林山木更是“香江第一健笔”。“香港三支笔”：武侠小说的金庸，科幻小说的倪匡，评论的林行止（林山木笔名）。笔者问熊秉元：“如果一台钟的长短针都指向 12 点，我们是否可以说，此钟秉元?”熊教授说可以。笔者为这聚会作了一对联：

熊林邱黄，山木有光，翔钟秉元；
马关李白，汉卿居易，鸿章致远。

以马致远对熊秉元，关汉卿对林山木，李鸿章对邱翔钟，白居易对黄有光，又有普通意义，例如第一句是说：在有马的关上的李子是白色的。(南方口音，“白”是仄声。)

4. 难联待对

日本有罪，因此后羿射，夸父逐，蜀犬吠。

这“日本”有双重意义，明讲太阳，暗骂日本。笔者对的是：

中非无德，为何日本侵，美国围，南洋逼？

1977年12月4日，中非共和国总统博卡萨自封为皇帝，将中非共和国改成中非帝国。加冕典礼花费等于国家年收入的1/4。下联明替中国辩护，暗骂中非。

多年前中国农业银行出一个上联：

农行行，行行行。

五个同样的“行”字，两个不同发音。意思是说：

如果农行（háng）行（xíng）了，各行各业都会行。不知有没有下联。笔者对的下联是：

基率率，率率率。

第一个“率”是利率的“率”，对银行的“行”；第二个“率”读 shuài，根据新华词典，是“遵循”的意思，如“率由旧章”。意思是说，如果基本利率遵循规定，所有利率都会遵循规定。

50 多年前，某地有姓卓与姓蔡的结婚，当时我出了一个上联：

卓蔡联婚，桌上有菜，菜中有桌。

卓与桌是同音（尤其是当时新加坡与马来西亚一带说的华语是南方口音，把第二声的卓与第一声的桌都读成入声，完全一样）不同字而又字形相像；蔡与菜也是一样。结婚庆典桌上当然有菜。菜的英文是 vegetable，其中有 table，即桌也，所以说，菜中有桌。笔者曾经在报章征求下联，但没有真正对上的。有两个比较好的；

其一：

钟灵庆典，钟下悬铃，铃顶悬钟。

钟灵是马来西亚的槟城最有名的华文中学。钟用繁体字有两个字形相像的同音字（鍾、鐘），但灵与铃只是同音，而且没有英文字内的巧妙。其二有英文字的巧妙：

男女交欢，男下有女，女中有男。

女的英文是 woman，其中有 man，即男也。又形容男女交欢，惟妙惟肖。可惜上联的卓桌与蔡菜是不同字，下联的男男女女是同字，不能对。

笔者这上联出了几十年，想让其他人去对，自己没有认真去试对之。到了 2016 年 10 月 29 日，笔者当天下午要替华裔馆做一个“古联今对，古诗今改”的讲座，顺便以奖金诚征下联。起初假定这卓蔡一联最难对，因为涉及中英双语，本来给这联的奖金最高。后来想想，应该自己试试看。当天上午，对出几个下联，包括：

黎朱对弈，梨边藏珠，珠内藏梨。

这是因为珠的英文是 pearl，梨的英文是 pear，就在 pearl 内。下联讲黎与朱两人下棋，桌上有梨子，梨边有藏有珠子的盒子。

珥珠对弈，耳下藏珠，珠内藏耳。

这是因为珠的英文是 pearl，耳的英文是 ear，就在 pearl 内。

锁钟对弈，锁边有钟，钟内有锁。

这是因为钟的英文是 clock，锁的英文是 lock，就在 clock 内。虽然有中英文的复杂性，也不是很难对，所以把奖金减少到与其他联一样。新加坡一位高中生（华侨中学）司徒玮崧也对出下联：

麋贾逛市，米下标价，价里标米。

解析：下联说的是麋与贾两人在逛超市，看见了米，而米袋下标有它的价（繁体为“價”）格。价的英文是 price，米的英文是 rice，因此米“标”在价里。

这联可能不是很难对，读者可以试试。当然，要得奖，必须比这个更好。不然，截止日期后，这3万人民币应该是司徒玮崧的。

笔者对过的最难对的上联应该是敝校南洋理工大学材料科学与工程院的研究员陈鹏博士于2016年11月30日电邮内出的：

风云过山丘，巍巍岳飞大鹏举。

根据陈鹏博士的解释：

“山丘，意思与岳相同，下山，上丘，两字合起来还是岳。风云飞过山丘，看起来像是山在飞，所以说岳飞。山飞起来，像是大鹏鸟举起来的那样。岳飞，字鹏举，南宋名将，巍巍，形容山，也形容岳飞。大，形容鹏，也形容鹏举。巍巍和大同义。”

此联难对在岳飞与鹏举是人名，而且是同一个人，而在联中又有普通意义，再加上“山丘”在意义与字形上都是“岳”，“巍巍”与“大”的关联，似乎是绝对。如果上述马英九的上联有80分，陈鹏此联绝对有99分。笔者大胆，试对以（2016年12月1日电邮提出）：

烛火照女臣，夜夜姬昌雄文王。

解释：“王”的用法，根据孟子，“以力假仁者霸……以德行仁者王”。（这里的“假”，不是真假的“假”，而是假借、替代之意。）下联讲一位会享乐的好皇帝，虽然夜夜宠幸妃子，还能够以雄文服天下。“岳”是山丘中之大者，“姬”是女臣中之受宠者。涉及女人（姬）之事，能够“夜夜”，必也雄哉！一个缺点是“臣”与“昌”都是平声。不过，联脚平声的“王”是对得上上联仄声的“举”的。联脚必须平仄相对，节脚与句脚最好也相对。笔者下联的不完美，留给读者超越与得奖的空间。

据记载，“姬昌（前1152年—前1056年），姬姓，名昌，周太王之孙，季历之子，周朝奠基者，岐周（今陕西岐山）人。其父死后，继承西伯侯之位，故称西伯昌。西伯昌四十二年，姬昌称王，史称周文王。在位50年，是中国历史上的一代明君。”

5.18万元诚征下联

现在笔者再以18万元（人民币）诚征下联，包括下面6个上联，各3万元。（真正对上的可以寄至YKNG@

ntu.edu.sg，没有真正对上的请不要寄。)

1. 凤山山出凤，凤非凡鸟。(古联)

2. 熊林邱黄，山木有光，翔钟秉元。(黄有光)

3. 葛布糊窗（或明月照纱窗)，个个孔明诸葛亮。(古联)

4. 一杯清茶，解解解元之渴。(古联)

5. 卓蔡联婚，桌上有菜，菜中有桌。(黄有光)

6. 风云过山丘，巍巍岳飞大鹏举。(陈鹏)

必须对得比笔者的更好的，才算成功。例如，笔者的“单单单于之师”虽然有三个不同发音的字，可以说对上了，但只是一种可能，没有根据历史事实。如果有根据的，也对上，就比笔者的好。再如，“伯夕”是笔者自己对 Perth 的翻译，虽然可以接受，但如果用原有的名字珀斯，则更好。对第二联的必须是与笔者的下联用的人名有同样知名度的，一看就知道是名人，不必查百度。另外，必须是读者自己对的下联，网上已经有的，例如“乐乐乐师”“华华华侨”“和和和尚”等，不能算数。截止日期是本书出版后 24 个月。

附录B：宇宙之谜

最近读完拉马钱德兰（V. S. Ramachandran）的 *The Tell-Tale Brain*（Windmill Books，London，2012），认为是一本能够让读者收获很大的好书。以笔者的经验，这是在几年前读卡尼曼（D. Kahneman）的 *Thinking*，*Fast and Slow*（已经有中译本）后收获最大的书。笔者可以竭力向读者介绍这两本好书。之间读了不少心灵哲学（philosophy of mind）方面的书与文章，很难说有收获。主要的收获可能就是可以警告读者说，千万不要浪费时间读心灵哲学方面的东西！（哈哈！但并不是只是开玩笑而已，90%是认真的。）至少，与其读心灵哲学，不如读神经科学。

拉马钱德兰也有讨论一些有关心灵（或“自我”self）的问题。他认为（第247页）在本世纪，我们就可以面对科学最后的重大秘密（mysteries）之一：自我的本质。笔者解读为，可以解开心灵哲学的世界之结

(world knot)：心灵或主观意识如何可能，客观存在或一般化的物质如何能够产生主观意识。这是拉马钱德兰在这一二十年神经学的一些重要发现下，显然的过度乐观的结论。笔者认为，即使到31世纪，这世界之结还是不能解开。如果这世界之结能够通过科学来解开，至少也要等神经科学的发现比现在所知大百倍千倍之后。不过，笔者虽然不能解开这世界之结，却能够解开宇宙之谜！

达尔文对宇宙之谜的迷惑

在书中最后两页（第292—293页），拉马钱德兰叙述了达尔文对宇宙之谜的迷惑。在1862年4月21日，达尔文在*London Illustrated News*上说："我深深感受到，关于创世（Creation）的整个问题对于人类的智力而言是太深奥了，像一只狗在推测牛顿的心思！只能让每个人希望与相信其所能。"

在1860年5月22日，在给阿萨·格雷（Asa Gray）的信中，达尔文也说："世界上有太多的不幸，我不能说服自己相信一个仁慈与全能的上帝……另一方面，我也完全不能满足于只观察这个奇妙的宇宙，尤其是关于人的本质，并断定所有的东西都只是粗暴的物质力量所造成（the result of brute force）。”

在150多年后的今天，我们是否能够帮助达尔文解答其迷惑呢？

简单唯物主义的问题

只有双重无知的人，才能够相信简单的唯物主义。第一，他必须没有经历过，没有可靠地听说过，也没有读过大量关于一些神秘现象（包括心灵感应等）的报道。第二，他必须完全没有关于相对论与量子物理学的一些基本认识。他的物理学必须停留于牛顿时代。根据牛顿物理学，一加一等于二。引力定理的公式，也很直观。这个世界很简单，像一块石头，可以本来就有，不必有创造者。

然而，根据已经被大量事实证实，被所有科学家接受的相对论，列车以每小时30公里的速度行驶，列车上的汽车以每小时20公里的速度同向行驶，汽车相对于月台上静止的人的速度，不是30+20=50公里，而是

49.999 公里。你开车（或坐火箭）高速（不论多么快，即使是 0.9 光速；根据相对论，物质不能够达到光速）往北行驶，我开车高速往南行驶。同一个光子（不论是向北或向南）的速度，对你与对我是完全一样的。

这么怪的相对论世界，还可以用长度随速度而变小来解释（但不能解释为什么会这样变，变到使光速对任何坐标恒等），而我们宇宙的量子现象，则怪到连量子物理学大师，物理学诺奖得主中的佼佼者理查德·费曼（Richard Feynman）都认为，如果你（包括量子物理学家）认为你理解量子物理学，那你肯定不理解量子物理学。拉马钱德兰也认为（第 292 页）像量子这些构成物质的基本组成部分是非常神秘不可思议的（deeply mysterious），如果不是完全鬼魂似的（downright spooky）。所有科学家，最多只是知其然，完全不知其“何以能然”。

进化论的问题

在“知其然”中的一个重大要点是，我们这个怪异的庞然大物，是在约 140 亿年前的一个大爆炸（Big

Bang）而来的。255 名美国科学院院士在关于《气候变化与科学正直性》的公开信［载于《科学》（*Science*），Vol. 328，Issue 5979，第 689—690 页，2010 年 5 月 7 日］上说："有确凿的科学证据表明我们的星球的年龄大约是 45 亿年（地球起源理论），我们的宇宙是在大约 140 亿年前的一次事件中诞生的（大爆炸理论）。"（方舟子翻译）也有许多支持（甚至可以说是证实）大爆炸的事实，包括宇宙在膨胀、大爆炸残留的宇宙微波背景辐射、氢与氦在宇宙间的大量存在等。因此，笔者接受大爆炸理论。

然而，如果我们的宇宙只有 140 亿年的历史，很难相信能够随机进化到人类的高度，尤其是其主观意识与创造性。一年有不到 3200 万秒，140 亿年有不到 45 亿亿秒。即使加多 20 多倍成为 1000 亿亿秒，其秒数也只有 10^{19}。组成生物体的蛋白质由氨基酸组成。氨基酸组成的多肽链（polypeptide chain）有超天文数字（10^{143}）的折叠自由度。折叠方式错误会造成功能失误或病变。即使不是随机，而是极快速（例如每秒 10 亿次）尝试每个不同的折叠方式，也要有比宇宙自大爆炸以来几百万亿亿亿亿亿亿……倍的时间，才能找到正确构成蛋白质的折叠方式。要随机进化成为有主观意识的动物与有创造性的人，根本比怪力乱神还不可能几百万亿亿亿……倍！

如果相信科学家的大爆炸理论，就不能相信简单进化论，相信人类在这个只有140亿年的历史的非被创造的物质宇宙，在只有45亿年的历史的地球上进化而来。笔者相信进化论，但是是修正了的进化论。进化的速度这么快，不可能在非被创造的简单物质宇宙，在140亿年内完成。给定只有几百亿年，要进化到我们的高度，必须有特别快的进化速度，必须在为造就这特别快的进化速度而创造出来的宇宙内进行。

对我们来说是庞然大物的宇宙，实际上只是一个被创造出来的小宇宙。由于被创造出来能有高度进化的速度，因而需要有相对论与量子论的怪异的性质。由于是被创造出来的，像钟表，怪异也就不怪了！

宗教界说法的问题

创造我们这个小宇宙的创世者（或称上帝），又从何而来呢？有些宗教认为上帝是自在永在，本来就有的。这说法不但等于没有回答问题，它本身就推翻了创造论的基础。一个台钟必须有制造者，如果说这个台钟是一个能自动制造台钟的机器制造的，则这种机器比钟更复杂，更不可能是本来就有的！同样的，如果我们的宇宙不可能没有制造者，则能够制造我们的宇宙的上帝，更不可能是本来就有的！与其相信一个能制造钟的机器，是本来就有的，不如相信钟本身是本来就有的。同样的，与其相信能够创造宇宙的上帝，是本来就有的，不如相信宇宙本身是本来就有的。因此，说上帝是本来就有的，是不能接受的！这是一些宗教（不包括佛教）的致命弱点。笔者替这些宗教去除这个弱点，回答创世者的来源的问题。

创世者是在大宇宙的漫长岁月中以比地球的进化速度慢几千万亿亿亿……倍的缓慢速度进化而来的。由于有漫长的时间，可以进化到超越我们许多倍的高度，加上科技的功能，达到能够创造140亿年前的大爆炸的高度。

读者可能会问，大宇宙又从何而来呢？笔者对这个几乎不能回答的问题，也有无懈可击的答案，详见拙作《宇宙是怎样来的?》，复旦大学出版社。此书用五个非接受不可的公理，论证上述“进化神创世论”。(英文文章刊于 Harvard-Smithsonian Center for Astrophysics 的科学家主编的 *Journal of Cosmology*，2011. http://journal of cosmology.com/QuantumCosmos113.html。) 这是（非简单的）唯物主义的极致，因为论证了上帝也是物质或客观存在进化而来的!

原来不认识笔者的敖平教授（华盛顿大学物理系教授，上海交大物理系长江学者）读了拙作《宇宙是怎样来的?》后，邀请笔者到交大做讲座并参加研讨会，还在 2014 年 6 月 27 日举行的讨论拙作《宇宙是怎样来的?》的天则书品（北京天则经济研究所）中，以 PPT 评介拙作。

读者可能也会问，创世者为何要创造出 140 亿年前的大爆炸? 老实说，笔者也不知道，但猜想创世者是获得了研究资金，做了一个试验。相对于我们的能力，创世者几乎是万能的，但并非真正 100%全能。大概是仁慈的，但未必 100%。这能够解释为何“世界上有太多的不幸”。

帮助缓解道德危机

上述观点不但回答了宗教界与科学界不能回答的问题，而且调和了进化论与创世论，调和了科学与宗教，对构建和谐社会有重要贡献。还能够帮助缓解中国当今重大的道德危机。

中国要成为强大的国家，不但要依靠经济与军事上的硬实力，还要有包括道德在内的文化上的软实力。要使社会和谐，人民快乐，软实力的重要性更加重要。

笔者不是在批判唯物主义，笔者是唯物主义者。有心灵（主观感受），但最终是物质（广义的，包括能量等任何存在）。没有物质（东西），何来心灵？我思故我在。笛卡尔这句话被批判为唯心，实在是冤枉。必须先有物质存在的我，才能够进行思维，才能够有心灵现象。因此，从我在思维的事实，可以推论出，物质的我也是存在的。这是多么唯物呀！拙作《宇宙是怎样来的?》是唯物主义的极致，证明创世者也是物质存在进化而来的。

笔者批评的是简单甚至幼稚的唯物主义，认为我们的宇宙是本来就有的，没有创世者。既然简单的唯物主义无神论是站不住脚的，大爆炸是被创造出来的，我们的小宇宙是为了能够快速进化的产品，那么，很多以前我们认为是迷信的东西，包括灵魂的存在等，可能也需要从新研究。何况根据“帕斯卡的赌注”（Pascal's Wager），信有而实无，没有损失；实有而信无，损失可能是地狱与天堂之别。宁可信其有，不可信其无。道德水平低下的行为，是否更加需要避免？因此，对进化创世论的宣传，应该是促进社会和谐、提升人们道德水平的一个重要方法，对人民与政府都是有利的。

答　案

“2. 3 关于无穷大的谬误”一节与附录 A 中的几个问题的答案如下。

“‘神行太保’追不上乌龟”答案

兔子不能够追上乌龟的推论，错在把无数个时间间隔当成永远或无穷久。如果所有的时间间隔都不是退化为无穷小的（non-degenerate），则无数个时间间隔是无穷久的。不过，在兔子追乌龟的情形下，有关的时间间隔是在不断减少的，到无穷个时退化到无穷小。因此，并不累积为无穷久。例如，假定兔子的速度是乌龟的两倍。令兔子从 B 点跑到 A 点的时间为一个单位，则乌龟在这单位时间里，已经从 A 点爬到 A_1，而 A 到 A_1 的距离是 B 到 A 的一半。因此，兔子只要用半个时间单位，就能够从 A 点跑到 A_1 点。同理，兔子只要用 1/4 个时间单位，就能够从 A_1 点跑到 A_2 点。因此，兔子要追上乌龟的总时间，是 $1+\frac{1}{2}+\frac{1}{4}+\frac{1}{8}+\cdots\cdots$。虽然有无穷个时间间隔，但这些时间间隔在退化为无穷小，所以并没有累积为无穷大，而只累积为 2。兔子只要用两个时间单位，或用等于从 *B* 点跑到 *A* 点的时间的两倍，就能够追上乌龟。[计算 $1+\frac{1}{2}+\frac{1}{4}+\frac{1}{8}+\cdots\cdots$ 到无穷的公式是 $a/(1-r)$，其中 a 是第一项的值，即 1，r 是下一项对其前一项的比例，或第 $i+1$ 项对第 i 项的比例。在上述 $1+\frac{1}{2}+\frac{1}{4}+\frac{1}{8}+\cdots\cdots$ 中，$a=1$，$r=\frac{1}{2}$，故 $a/(1-r)=2$。]

“无论多长的线段上的点的数目都相同”答案

这证明是正确的，一一对应是可以接受的证明方法。但用同样的方法，也可以证明 *CD* 线段的十分之一的线段上的点的数目，等于 *AB* 线段上的点的数目。一条非退化（non-degenerate）的线段，不论长短，其点数都是同级的不可数的无穷大（uncountably infinite）。一个平面上的点，是更高级的不可数的无穷大。涉及无穷大，即使是可数的无穷大，一个有无穷大是可以等于多个无穷大的；见“一个有无穷多个客房的旅馆的故事”。

“一个有无穷多个客房的旅馆的故事”答案

还是能够接纳，因为如果 x 是可数的无穷大，x 的平方也是可数的无穷大。无穷多的客房，可以排列成无穷多行，每行有无穷多客房的行列，就可以让原有的无穷多客人都换到第一行，让第一个旅行团入住第二行，第 x 个旅行团入住第 $x+1$ 行，所以所有原来的无穷多的客人，以及新来的无穷多个各有无穷多人的旅行团，都能够接纳。看，无穷大的神通多么大！

当然，上述可能性没有考虑换房间的时间与其他成本。假定让一位房客从 x 号房换到隔壁的 $x+1$ 号房只需要一秒钟，换到 $x+y$ 号需要 y 秒钟，那么，那些需要换到高号的房客与新客人，需要等近乎无穷大的时间！而且，即使只是多收 10 位客人的简单情形，让原有无穷多的房客每位花 10 秒钟（x 房换到 $x+10$ 房）的时间，所有房客换房的时间成本是无穷大的，那 10 位新房客，肯定付不起这无穷大的房租。

附录 A

如何作对联？对联要件

东当铺、西当铺，东西当铺当东西。

男学生、女学生，男女学生生男女。

这下联错在最后第三个字“生”。上联有四个“当”字，下联只有三个“学”字。根据对联的要求，这最后第三个，应该是“学”，而不是“生”。不过，如果用“学”，虽然对上了，但意境却没有“男女学生生男女”这么有趣。

黄有光邂逅王勃?

这故事是开玩笑的。不过，其中的许多细节，例如关于庾信的《马射赋》等，都是真的。笔者的生辰八字高到从来没有看到过鬼魂。

参考文献

1. 黄有光著:《从诺奖得主到凡夫俗子的经济学谬误》,复旦大学出版社 2011 年版。

2. 黄有光著:《宇宙是怎样来的?》,复旦大学出版社 2011 年版。

3. 黄有光著:《快乐之道:个人与社会如何增加快乐》,复旦大学出版社 2013 年版。

4. 黄有光:《环保理论的谬误?与张维迎商榷》,香港《信报财经月刊》,2015 年 2 月,第 455 期,第 131—133 页。

5. 黄有光、桑本谦:《人体器官可否合法买卖?——一次经济学家和法学家的对话》,《学习与探索》2016 年第 3 期。

6. 刘靖文著:《中国人最易用错的成语》,中国书籍出版社 2009 年版。

7. 王智波、李长洪:《好男人都结婚了吗?》,《经济学

（季刊）》，2016 年，第 15 卷第 3 期，第 917—940 页。

8. 吴要武、刘倩：《高校扩招对婚姻市场的影响：剩女？剩男？》，《经济学（季刊）》，2014 年，第 14 卷第 1 期，第 5—30 页。

9. 周奇主编：《常见语言文字错误防范手册》，中国标准出版社 2011 年版。

10. Anderson, T.L., "Donning Coase-Coloured Glasses: A Property Rights View of Natural Resource Economics", *Australian Journal of Agricultural and Resource Economics*, 2004, 48: pp.445-462.

11. Arrow, Kenneth J., *Social Choice and Individual Values*, New York: Wiley, 1951, 1963.

12. Arrow, Kenneth J. & Scitovsky, T., *Readings in Welfare Economics*, London: Allen and Unwn, 1969.

13. Bergson (Burk), Abram, "A Reformulation of Certain Aspects of Welfare Economics", *Quarterly Journal of Economics*, 1938, 52: pp.310-334, reprinted in *Readings in Welfare Economics*, Arrow, Kenneth J. & Scitovsky, T., 1969.

14. Blanchflower, D. G., Oswald, A. J. & Stewart-Brown, S., "Is Psychological Well-Being Linked to the Consumption of Fruit and Vegetables?", *Social Indicators Research*, 2013, 114(3): pp.785–801.

15. Bloomfield, Sally F., Rook, G. A., Scott, E. A., Shanahan, F., Stanwell-Smith, R. & Turner, P., "Time to Abandon the Hygiene Hypothesis: New Perspectives on Allergic Disease, the Human Microbiome, Infectious Disease Prevention and the Role of Targeted Hygiene", *Perspectives in Public Health*, 2016, 136(4): pp.213–224.

16. Brennan, Jason F. & Jaworski, Peter M., *Markets without Limits: Moral Virtues and Commercial Interests*, Routledge, 2016.

17. Britz, J., "Can Cleanliness Increase the Risk of Allergies and Asthma?", *National Center for Health Research*, 2016.

18. Buchanan, James M. & Stubblebine, W. C., "Externality", *Economica*, 1962, 29: pp.371–384.

19. Camerer, C.F., Babcock, L., Loewenstein, G. & Thaler, R., "Labor Supply of New York City Cab Drivers:

One Day at a Time", *Quarterly Journal of Economics*, 1997, 111: pp.408-441.

20. Carskadon, Mary A., Cecilia Vieira & Christine Acebo, "Association Between Puberty and Delayed Phase Preference", *Sleep* (NEW YORK), 16 (1993): pp.258.

21. Cheung, S. N. S., "The Structure of a Contract and the Theory of a Non-Exclusive Resource", *Journal of Law & Economics*, 1970, 13: pp.49-70.

22. Coase, R. H., "The Problem of Social Cost", *Journal of Law & Economics*, 1960, 3: pp.1-44.

23. Crawford, Vincent P. & Meng, Juanjuan, "New York City Cab Drivers' Labor Supply Revisited: Reference-Dependent Preferences with Rational-Expectations Targets for Hours and Income", *American Economic Review*, 2011, 101(5): pp.1912-1932.

24. Debreu, Gerard, *Theory of Value*, New Haven: Yale University Press, 1959.

25. Diener, E., Kahneman, D. & Helliwell, J. (eds.), *International Differences in Well-Being*, Oxford: Oxford

University Press, 2010.

26. Dunlap, J. C., "Molecular Bases for Circadian Clocks", *Cell*, 1999, 96(2): pp.271–290.

27. Edgren, G., Tran, T. N., Hjalgrim, H., Rostgaard, K., Shanwell, A., Titlestad, K., Gridley, G., et al., "Improving Health Profile of Blood Donors as a Consequence of Transfusion Safety Efforts", *Transfusion*, 2007, 47 (11): pp.2017–2024.

28. Falk, Armin & Szech, Nora, "Morals and Markets", *Science*, 2013, Vol.340: pp.707–711.

29. Farber, Henry F., "Why You Can't Find a Taxi in the Rain and Other Labor Supply Lessons from Cab Drivers", *Quarterly Journal of Economics*, 2015, 130 (4): pp.1975–2026.

30. Fernández-Real, J. M., López-Bermejo, A. & Ricart, W., "Cross-Talk Between Iron Metabolism and Diabetes", *Diabetes*, 2002, 51(8): pp.2348–2354.

31. Friedman, M. & Savage, L. J., "The Utility Analysis of Choices Involving Risk", *Journal of Political Economy*,

1948,56(4): pp.279–304.

32. Freiman, Christopher, "Vote Markets", *Australasian Journal of Philosophy*, 2014, 92: pp.759–774.

33. Freiman, Christopher, *The Paradox of Commodification*, unpublished manuscript, Williamsburg, VA: College of William and Mary, 2014.

34. Gilbert, Daniel T., et al., "Looking Forward to Looking Backward: The Misprediction of Regret", *Psychological Science*, 2004, 15: pp.346–350.

35. Gradisar, M., Gardner, G. & Dohnt, H., "Recent Worldwide Sleep Patterns and Problems During Adolescence: A Review and Meta-Analysis of Age, Region, and Sleep", *Sleep Medicine*, 2011, 12(2): pp.110–118.

36. Hardie, J., "Are Our Clean Operatories Harming Us?", *Oral Health*, 2011, Sep 1.

37. Hsee, Christopher K., "Attribute Evaluability and Its Implications for Joint-Separate Evaluation Reversals and Beyond", In *Choices, Values and Frames*, Kahneman, D. & Tversky, A. (eds.), Cambridge: Cambridge University

Press, 2000.

38. Hsee, Christopher K. & Zhang, Jiao, "General Evaluability Theory", *Perspectives on Psychological Science*, 2010, 5(4): pp.343–355.

39. Huang, Haifang & Humphreys, Brad R., "Sports Participation and Happiness: Evidence from US Microdata", *Journal of Economic Psychology*, 2012, 33(4): pp.776–793.

40. Kämpfer, Sylvia & Mutz, Michael, "On the Sunny Side of Life: Sunshine Effects on Life Satisfaction", *Social Indicators Research*, 2013, 110(2): pp.579–595.

41. Kahneman, Daniel, *Thinking, Fast and Slow*, New York: Farrar, Strauss and Giroux, 2011.

42. Kahneman, Daniel, Fredrickson, B.L., Schreiber, C.A.& Redelmeier, D. A., "When More Pain is Preferred to Less: Adding a Better End", *Psychological Science*, 1993, 4(6): pp.401–405.

43. Kapteyn, Arie, Smith, James P. & Van Soest, Arthur, "*Life Satisfaction*", In *International Differences in Well-Being*, Diener, E., et al. (eds.), 2010, pp.70–104.

44. Kemp, Murray C. & NG, Yew-Kwang, " On the Existence of Social Welfare Functions, Social Orderings and Social Decision Functions", *Economica*, 1976, 43 (169) : pp.59–66.

45. Levitt, Steven D., List, John A., Neckermann, Susanne & Sadoff, Sally, "The Behavioralist Goes to School: Leveraging Behavioral Economics to Improve Educational Performance", *American Economic Journal: Economic Policy*, 2016, 8(4): pp.183–219.

46. Mayr, E., "Cause and Effect in Biology", *Science*, 1961, 134: pp.1501–1506.

47. McNeil, B. J., Pauker, S. G., Sox, H. C. Jr & Tversky, A., " On the Elicitation of Preferences for Alternative Therapies", *New England Journal of Medicine*, 1982, 306 (21): pp.1259–1262.

48. Meyers, David G., Jensen, Kelly C. & Menitove, Jay E., " A Historical Cohort Study of the Effect of Lowering Body Iron Through Blood Donation on Incident Cardiac Events", *Transfusion*, 2002, 42(9): pp.1135–1139.

49. Mueller, Dennis C., *Public Choice II*, Cambridge (England); New York: Cambridge University Press, 1989.

50. NG, Yew-Kwang, "Why do People Buy Lottery Tickets? Choices Involving Risk and the Indivisibility of Expenditure", *Journal of Political Economy*, 1965, 73(5): pp.530–535.

51. NG, Yew-Kwang, "Bentham or Bergson? Finite Sensibility, Utility Functions, and Social Welfare Functions", *Review of Economic Studies*, 1975, 42: pp.545–570.

52. NG, Yew-Kwang, *Welfare Economics: Introduction and Development of Basic Concepts*, London: Macmillan, 1979/1983. (中译《福祉经济学》)

53. NG, Yew-Kwang, "Bentham or Nash? On the Acceptable Form of Social Welfare Functions", *Economic Record*, 1981, 57: pp.238–250.

54. NG, Yew-Kwang, "The Necessity of Interpersonal Cardinal Utilities in Distributional Judgments and Social Choice", *Zeitschrift für Nationalökonomie* (J of E), 1982, 42: pp.207–233.

55. NG, Yew-Kwang, " Some Broader Issues of Social Choice", in *Social Choice and Welfare*, P. K. Pattanaik and M. Salles (eds.) ,North-Holland,1983.

56.NG, Yew-Kwang, "Expected Subjective Utility: Is the Neumann-Morgenstern Utility the Same as the Neoclassical's? ", *Social Choice and Welfare*, 1984, 1: pp.177–186.

57.NG, Yew-Kwang, "Quasi-Pareto Social Improvements", *American Economic Review*,1984,74(5):pp.1033–1050.

58.NG,Yew-Kwang, "Some Fundamental Issues in 'Social Welfare'", *Issues in Contemporary Microeconomics and Welfare*, G. Feiwel (eds.), London: Macmillan, 1985, pp. 435–469.

59.NG, Yew-Kwang, "Diamonds Are a Government's Best Friend: Burden-Free Taxes on Goods Valued for Their Values",*American Economic Review*,1987,77: pp. 186–191.

60. NG, Yew-Kwang, " Optimal Environmental Charges/ Taxes: Easy to Estimate and Surplus-Yielding", *Environmental and Resource Economics*,2004,28(4): pp.395–408.

61.NG, Yew-Kwang, "From Preference to Happiness: Towards a More Complete Welfare Economics", *Social Choice and Welfare*, 2003, 20(2): pp.307–350.

62.NG, Yew-Kwang, *Welfare Economics: Towards a More Complete Analysis*, London: Palgrave/Macmillan, 2004.

63. NG, Yew-Kwang, *Markets and Morals: Justifying Kidney Sale and Legalising Prostitution*, Cambridge University Press, contract signed.

64. Nordhaus, William, "Do Real-Output and Real-Wage Measures Capture Reality? The History of Lighting Suggests Not", in *The Economics of New Goods*, Timothy F. Bresnahan and Robert J. Gordon(eds.), Chicago: University of Chicago Press, 1996, pp.29–70.

65. Nussbaum, Martha C., "'Whether from Reason or Prejudice': Taking Money for Bodily Services", *The Journal of Legal Studies*, 1998, 27: pp.693–724.

66. Pigou, Arthur C., *Wealth and Welfare* (1912/1929/1932), Later editions (1920, 1924, 1929, 1932) assume the title *The Economics of Welfare*, London: Macmillan.

67. Pigou, Arthur C., *Public Finance*, London: Macmillan, 1928.

68. Randall, A., "The Problem of Market Failure", *Natural Resources Journal*, 1983, 23: pp.131–148.

69. Samuelson, Paul A., "Reaffirming the Existence of 'Reasonable' Bergson-Samuelson Social Welfare Functions", *Economica*, 1977, 44(173): pp.81–88.

70. Salonen, Jukka T., Tuomainen, Tomi-Pekka, Salonen, Riitta, Lakk, Timo A. & Nyyssonen, Kristiina, "Donation of Blood is Associated with Reduced Risk of Myocardial Infarction: The Kuopio Ischaemic Heart Disease Risk Factor Study", *American Journal of Epidemiology*, 1998, 148(5): pp.445–451.

71. Scheidel Walter, *The Great Leveler: Violence and the History of Inequality from the Stone Age to the Twenty-First Century*, Princeton University Press, 2017.

72. Schiedermayer, D. & McCarty, D. J., "Altruism, Professional Decorum, and Greed: Perspectives on Physician Compensation", *Perspectives in Biological Medicine*,

1995,38: pp.238–253.

73. Smith, Adam, *An Inquiry into the Nature and Causes of the Wealth of Nations*, Edwin Cannan (eds.), London: Methuen & Co., Ltd., 1776 (1904).

74. Joseph, Stiglitz, "New Persperstives on Public Finance: Recent Achievements and Future Challenges", *Journal of Public Economics*, 2002, 86: pp.341–360.

75. Suzumura, Kotaro, "An Interview with Paul Samuelson: Welfare Economics, 'Old' and 'New', and Social Choice Theory", *Social Choice and Welfare*, 2005, vol. 25 (2): pp.327–356.

76. Taylor, Timothy, "Economics and Morality", *Finance & Development*, 2014, 51(2): pp.34–88.

77. Thaler, Richard, "Toward a Positive Theory of Consumer Choice", *Journal of Economic Behavior and Organization*, 1980, 1(1): pp.39–60.

78. Tobin, James, "On Limiting the Domain of Inequality", *Journal of Law & Economics*, 1970, 13: pp.263–277.

79. Vahidnia, F., Hirschler, N. V., Agapova, M., Chinn, A., Busch, M. P. & Custer, B., "Cancer Incidence and Mortality in a Cohort of US Blood Donors: A 20-year Study", *Journal of Cancer Epidemiology*, 2013.

80. Weil, David N., " A Review of Angus Deaton's ' The Great Escape: Health, Wealth, and the Origins of Inequality' ", *Journal of Economic Literature*, 2015, 53 (1): pp.102–114.

81. Yamagishi, Kimihiko, "When a 12. 86% Mortality is More Dangerous than 24. 14%: Implications for Risk Communication", *Applied Cognitive Psychology*, 1997, 11: pp.495–506.

82. Zacharski, L. R., Chow, B. K., Howes, P. S., Shamayeva, G., Baron, J. A., Dalman, R. L. & Lavori, P. W., et al., "Decreased Cancer Risk after Iron Reduction in Patients with Peripheral Arterial Disease: Results from a Randomized Trial", *Journal of the National Cancer Institute*, 2008, 100(14): pp.996–1002.

图书在版编目（CIP）数据

黄有光作品：那些习而不察的谬误 / 黄有光 著. —北京：东方出版社，2018.3

ISBN 978-7-5207-0218-8

Ⅰ.①黄…　Ⅱ.①黄…　Ⅲ.①社会科学—文集　Ⅳ.①C53

中国版本图书馆 CIP 数据核字（2018）第 022395 号

黄有光作品：那些习而不察的谬误

（HUANG YOUGUANG ZUOPIN：NAXIE XI'ERBUCHA DE MIUWU）

作　　者：〔澳〕黄有光
责任编辑：张凌云
出　　版：东方出版社
发　　行：人民东方出版传媒有限公司
地　　址：北京市东城区东四十条 113 号
邮　　编：100007
印　　刷：三河市金泰源印务有限公司
版　　次：2018 年 3 月第 1 版
印　　次：2018 年 3 月第 1 次印刷
开　　本：787 毫米×1092 毫米　1/32
印　　张：6.5
字　　数：90 千字
书　　号：ISBN 978-7-5207-0218-8
定　　价：32.00 元
发行电话：（010）85924663　85924644　85924641